AF603058

OBSERVATIONS
SUR LES NOUVELLES DÉCOUVERTES
AËROSTATIQUES,

Et sur la probabilité de pouvoir diriger les Ballons.

PAR M. BRISSON.

POUR servir de Supplément à son Dictionnaire raisonné de Physique, en 3 vol. in-4°.

CONTENANT:

1°. L'Idée d'un Aërostat.
2°. Rapport fait à l'Académie des Sciences, sur la Machine Aërostatique inventée par MM. DE MONTGOLFIER.
3°. Moyens de diriger les Ballons.

A PARIS,

CHEZ LE BOUCHER, Libraire, quai de Gêvres, à la Prudence.
LAMY, Libraire, quai des Augustins.

M. DCC. LXXXIV.

OBSERVATIONS

SUR LES NOUVELLES DÉCOUVERTES

AËROSTATIQUES,

Et sur la probabilité de pouvoir diriger les Ballons.

AÉROSTAT. Machine capable d'élever en l'air à une hauteur considérable & d'y soutenir des corps d'un grand poids. Cette Machine est composée d'une enveloppe légère, mais d'un grand volume, remplie ou d'air dilaté par la chaleur, ou de quelque fluide aëriforme spécifiquement plus léger que l'air de l'atmosphere.

Les idées que l'on a eu anciennement sur cette Machine, sont si informes, comme nous le ferons voir ci-après, que l'on peut assurer que sa véritable invention est dûe à *MM. de Montgolfier*. Je ne puis mieux le prouver qu'en transcrivant ici le rapport fait à l'Académie des Sciences, à l'occasion des superbes expériences faites avec cette Machine étonnante. Cette piéce est bien propre à fixer, sur cet objet, les idées du public.

Lorsque *M. de Montgolfier* le jeune vint à Paris nous faire part de l'expérience que M. son frere & lui avoient faite en grand à Annonay, le 5 juin 1783, en élevant en l'air, & à une grande hauteur, un Ballon de 35 pieds de diametre, sans nous dire le procédé qu'ils avoient employés, mais en promettant de nous le faire connoître à la premiere expérience qu'il feroit ici; tous les gens instruits penserent que ces Messieurs avoient remplis leur Ballon de gas inflammable, fluide connu pour être beaucoup plus léger que l'air de l'atmosphere. En conséquence il se forma sur le champ une souscription proposée par *M. Faujas de St. Fond*, à l'effet de faire construire un Ballon de taffetas enduit de gomme élastique de 12 pieds de diametre & rempli de gas inflammable. MM. les Souscripteurs chargerent *MM. Robert* freres, très-excellents artistes, de construire le Ballon,

& *M.Charles* de le diriger. Ce Ballon fut lâché en l'air au Champ de Mars le 27 août 1783 à cinq heures du soir. Le 19 septembre suivant *M. de Montgolfier* lança le sien de 40 pieds de diametre & 60 pieds de haut, à Versailles, en présence de toute la Cour. Il répéta la même expérience le 21 novembre à la Muette en présence de la Cour de Monseigneur le Dauphin, avec cette différence que *M. le Marquis d'Arlandes* & *M. Pilatre de Rozier* furent enlevés avec la Machine. Ce dernier Ballon avoit 46 pieds de diametre & 70 pieds de haut, & fut enlevé, ainsi que celui de Versailles, en dilatant d'environ un tiers l'air qu'il contenoit, par le procédé tout simple de faire brûler de la paille en dessous : il fut descendre environ 20 minutes après, près du moulin Croulebarbe auprès de Bicêtre. MM. Charles & Robert, qui en avoient construit un de 26 pieds de diametre, en taffetas enduit de gomme élastique & rempli de gas inflammable, le firent partir du Jardin des Thuileries le premier décembre, & enleverent avec lui une espece de char, qui portoit *MM. Charles & Robert* le jeune, qui furent descendre, deux heures après leur départ, dans la prairie de Nesle, à environ neuf lieues de Paris. Ces premiers succès font desirer que cette Machine puisse devenir utile. En conséquence le Roi a chargé l'Académie Royale des Sciences de faire les recherches nécessaires, soit pour rendre la Machine solide, soit pour la diriger, de maniere qu'on puisse par son moyen aller où l'on voudra, malgré la contrariété des vents. C'est à quoi cette Compagnie est actuellement occupée.

Le 23 juin 1784 *M. Pilatre de Rozier* a enlevé à Versailles, devant toute la Cour, & en présence de sa Majesté le Roi de Suéde, sous le nom de *Comte de Haga*, un Ballon de MM. de Montgolfier, qui avoit 86 pieds de haut & 230 pieds ½ de circonference, avec lequel *M. Pilatre de Rozier* & *M. Proust* sont partis à 4 heures ¾ après midi, & sont arrivés en trois quarts d'heure entre Champlâtreux & Chantilly, à 13 lieues du lieu de leur départ. C'est le plus beau voyage Aërien & le plus prompt qui ait été fait jusqu'à présent par le moyen des Aërostats à air dilaté.

Enfin, le 19 septembre de la même année *MM. Robert* freres & *M. Collin Hullin* leur beau-frere, sont partis du Jardin des Thuileries avec un Ballon de taffetas, composé d'un cylindre de 32 pieds de diametre & 20 pieds de haut, terminé par deux Hémispheres de 16 pieds de rayon & rempli de gas inflammable : & sont descendus, environ 6 heures ¾ après leur départ, au village de *Beuvry* près *Bethune*, distant de Paris d'environ 50 lieues. Voilà un grand voyage Aërien, & qui auroit pu l'être davantage. Mais jusqu'à présent les Voyageurs ont été obligés de suivre la direction du vent. Il seroit bien à désirer qu'on pût aller dans d'autres directions : nous verrons ci-après si cela est facile ou non.

Pour remplir ma promesse, je transcris ici le Rapport fait à l'Académie des Sciences.

RAPPORT

Fait à l'Académie des Sciences, sur la Machine Aërostatique, inventée par MM. de Montgolfier.

M. d'Ormesson, Contrôleur-Général, frappé de l'expérience faite à Annonay par MM. de Montgolfier, le 5 juin dernier, en présence de MM. les États particuliers du Vivarais, en a envoyé le procès verbal à l'Académie. Dans cette expérience, on vit, non sans un grand étonnement, un Globe creux de trente-cinq pieds de diametre, fait en toile & en papier, & pesant quatre cent cinquante livres, parcourir en l'air plus de douze cents toises, en s'élevant à une hauteur considérable.

Par la lettre qui accompagnoit ce procès-verbal, M. le Contrôleur-Général demandoit à l'Académie son jugement sur cette expérience, & sur l'espece de Machine qui avoit servi à la faire. La Compagnie, pour remplir ses vûes, nomma MM. Tillet, Brisson, Cadet, Lavoisier, Bossut, de Condorcet, Desmarets & moi, Commissaires pour prendre connoissance & de cette expérience & de cette Machine. Il étoit nécessaire, dans une matiere aussi nouvelle, que les Commissaires fussent éclairés par des expériences qui se fissent sous leurs yeux; il fut décidé en conséquence, que M. de Montgolfier le jeune (qui étoit arrivé à Paris) feroit exécuter une Machine Aërostatique aux frais de l'Académie (1), pour pouvoir non-seulement répéter l'expérience d'Annonay, mais encore en faire plusieurs autres. Nous allons rendre compte à la Compagnie de ces expériences, ainsi que de la nouvelle Machine construite par M. de Montgolfier, & du Mémoire qu'il a lu à cette occasion, depuis la rentrée de la Saint-Martin.

Mais comme l'objet dont nous allons entretenir l'Académie, est des plus importans, nous espérons qu'elle voudra bien nous accorder une attention particuliere, pour mieux juger de ce que nous allons lui exposer.

Afin de procéder avec plus d'ordre dans ce Rapport, nous le partagerons en plusieurs articles; dans le premier nous dirons un mot de ce que l'on a tenté ou plutôt proposé dans ce genre avant l'expérience d'Annonay; nous exposerons ensuite les idées & les tentatives qui ont mené successivement MM. de Montgolfier à la découverte de leur Machine Aërostatique; nous parlerons après des expériences que nous avons vues, du moyen qu'ils emploient pour remplir, ou plutôt pour enlever cette Machine, & de la cause qui la soutient en l'air; nous passerons ensuite au moyen dont on a fait usage, à la place de celui dont ils se servent, pour remplir des Globes & des Ballons: enfin, nous traiterons, mais

(1) L'Académie, toujours empressée à favoriser les progrès des Arts & des Sciences, avoit en effet décidé que les expériences de la Machine Aërostatique de MM. de Montgolfier se feroient à ses frais; mais le Gouvernement ayant senti depuis l'importance de cette découverte, & que ces frais pourroient être trop considérables pour l'Académie, s'est chargé de toutes les dépenses que l'on a faites à cette occasion.

fort en abrégé, des différens usages auxquels on peut employer la Machine Aërostatique.

Le vol des oiseaux est si étonnant, & la faculté de s'élever & de planer dans les airs a quelque chose de si admirable & de si propre à élever l'ame, qu'il paroît que de tous les temps les hommes s'en sont occupés. De-là, toutes les fables de l'antiquité sur ce sujet; de-là, les efforts qu'ont faits dans différens temps ceux qui se sont cru assez de génie pour parvenir à inventer l'art de voler. Il seroit aussi inutile que déplacé, de rapporter ici ce que les Anciens nous en ont dit: ainsi, passant à des temps moins éloignés, nous nous contenterons de dire qu'on regarde en général Roger Bacon, ce génie si fort au-dessus de son siécle, comme le premier qui ait parlé d'une Machine pour voler; c'est dans son Traité *de Mirabili potestate Artis & Naturæ*, *&c.* Selon ce qu'il nous en dit dans cet ouvrage, cette Machine portoit un siége dans lequel un homme étant placé, il pouvoit, par son action, se donner un mouvement progressif, & voler comme un oiseau. Roger Bacon n'explique pas comment elle se soutenoit dans l'air, ou si cet effet résultoit de l'action de l'homme; il assure néanmoins qu'une Machine de ce genre avoit été faite & essayée avec succès par une autre personne. Cependant il y a tout à croire qu'elle n'exista jamais que dans son imagination, & qu'elle n'eut pas plus de réalité que cette fameuse tête d'airain qu'on lui a attribuée, & qui répondoit, dit-on, aux questions qu'on lui faisoit.

Le P. Lana, long-temps après ou vers la fin du siécle dernier, imagina une Machine qui devoit aussi se soutenir dans l'air; mais il va plus loin que Bacon, car il en indique le moyen. La Machine consistoit en quatre Globes de cuivre vides d'air, qui devoient, par l'excès de légèreté résultant de leur capacité, être en état de la faire flotter au milieu de ce fluide; elle étoit à voiles & à rames. On voit par-là, qu'il avoit sagement pensé à diviser en deux parties l'action employée pour aller dans l'air; l'une, au moyen de laquelle on devoit s'y soutenir; l'autre, par laquelle on devoit s'y mouvoir. Mais plusieurs Savans, & entr'autres *Hooke* & *Borelli* (1), critiquèrent fortement, & avec raison, le moyen qu'il proposoit, insistant l'un & l'autre sur l'impossibilité de faire des Globes d'une capacité aussi considérable que celle qu'il leur donnoit, sans que ces Globes ne crevassent par la pression de l'atmosphère.

En 1755, ou près d'un siécle après, on imprima à Avignon un livre intitulé *l'Art de naviger dans les airs, amusement physique & géométrique*, *&c.* L'auteur de cet Ouvrage, le P. Gallien, paroît avoir bien senti en quoi consistoit principalement le moyen de surmonter la difficulté d'élever des corps creux dans l'air. Il remarque judicieusement que ce n'est qu'en augmentant considérablement la capacité de ces corps, qu'on pourra parvenir à les faire flotter dans ce fluide, en les remplissant d'un air beaucoup plus rare: ses paroles méritent d'être rapportées.

---

(1) Quelques personnes ont prétendu que, dans son Traité sur le vol des Oiseaux, *Borelli* parle de ces Machines composées de Globes vides d'air, comme propres à nous fournir les moyens de voler; mais ce que l'on vient de rapporter prouve pleinement le contraire; c'est faute d'avoir lu avec assez d'attention ce qu'il dit à ce sujet dans la derniere proposition de ce Traité, qu'on a pu en prendre cette idée. En effet, loin d'établir la possibilité de se servir de pareilles Machines pour se soutenir & se mouvoir dans l'air, il emploie une grande partie de cette derniere proposition à prouver que ce moyen de voler ne peut être tenté avec aucune espece de succès.

Plus ce vaiſſeau (car il eſt ici queſtion d'une vaſte Machine Aërienne), *plus ce vaiſſeau*, dit-il, *ſera grand*, *plus la peſanteur en ſera abſolument plus grande ; mais auſſi elle en ſera moindre relativement à ſon énorme volume*, *comme peuvent le comprendre ceux qui ont quelque teinture de Géométrie*, *&c.* Il en vient après aux dimenſions qu'il veut qu'on donne à ce vaiſſeau, & elles ſont véritablement immenſes; car il veut qu'il ſoit plus long & plus large que la ville d'Avignon, & qu'il ſoit haut comme une montagne conſidérable; il ſuppoſe enſuite qu'on le rempliſſe, en s'élevant aſſez haut pour cela, d'un air moitié plus léger que celui dans lequel on ſe propoſe de le faire flotter.

Mais nous croyons en avoir dit aſſez, ſans nous étendre davantage, pour faire voir que, comme le titre de ſon Ouvrage l'annonce, le P. Gallien ne s'eſt pas occupé ſérieuſement de cet objet; car il ſeroit difficile de le croire, aux dimenſions impraticables, pour ne rien dire de plus, qu'il donne à toute ſa Machine. Cependant on ne peut s'empêcher de reconnoître qu'il avoit bien jugé des moyens de vaincre une partie des difficultés de faire flotter des corps creux dans l'air, à la manière dont il inſiſte ſur la néceſſité d'augmenter prodigieuſement leur capacité.

Si nous paſſons à une époque plus récente, ou à celle de la découverte des nouveaux *airs*, & entre autres de l'air inflammable, il paroît bien qu'on s'en eſt ſervi pour remplir des boules de ſavon, & s'amuſer à voir comment elles s'élèvent, mais qu'on n'a pas employé cet air à d'autres uſages de ce genre; au moins tout ce qu'on a dit à ce ſujet, ſemble laiſſer tant d'incertitudes, que nous n'avons pu en conclure rien d'aſſez poſitif, pour nous engager à le rapporter ici.

Tel étoit l'état de nos connoiſſances ſur cet objet, lorſque MM. de Montgolfier commencèrent à s'en occuper: il paroît que le point de vue ſous lequel ils enviſagèrent ce grand problême, d'élever des corps dans l'air, fut celui des nuages, de ces grandes maſſes d'eau, qui, par des cauſes que nous n'avons pas encore pu démêler, parviennent à s'élever & à flotter dans les airs à des hauteurs conſidérables. Occupés de cette idée, ils penſerent aux moyens d'imiter la nature, en donnant des enveloppes très-légères à des nuages factices, & en contrebalançant la preſſion d'un air lourd, par la réaction ou l'élaſticité d'un air plus léger. S'étant aſſurés, par une expérience très-ſimple, qu'une chaleur de ſoixante-dix dégrés du thermometre ſuffiſoit, ſelon ce qu'ils rapportent, pour raréfier l'air de la moitié, dans un vaiſſeau fermé; ils en conçurent bientôt l'eſpérance de parvenir, par ce moyen, à remplir leurs vûes. Or, tout annonce que leurs méditations ſur ce ſujet remontent au-delà du mois d'août de l'année dernière 1782; mais l'expérience intéreſſante qu'elles leur avoient ſuggérée, ne fut tentée que vers le milieu de novembre de cette même année. Ce fut à Avignon que M. de Montgolfier l'aîné la fit pour la premiere fois; là, il ne vit pas ſans une vive joie, ce que l'on concevra ſans peine, qu'un petit parallélipipede creux, de taffetas, qui contenoit quarante pieds cubes ou à peu près, ayant été échauffé intérieurement avec du papier, monta rapidement au plafond. Retourné à Annonay peu de temps après, il n'eut rien de plus preſſé que de répéter, avec M. ſon frere, cette expérience en plein air, & ils virent, avec la même ſatisfaction, ce parallélipipede s'élever & monter à une hauteur de ſoixante-dix pieds.

Animés par des eſſais ſi heureux, ils firent faire une Machine plus conſidérable, & qui contenoit aux environs de ſix cent cinquante pieds cubes: cette Machine réuſſit également bien; car, par ſon excès de légèreté, elle s'éleva avec tant de force, qu'elle rompit les cordes qui la retenoient, & alla tomber ſur des côteaux voiſins, après être montée à une hauteur de cent à cent cinquante toiſes.

Pleinement convaincus par ces différentes expériences, de la justesse des conjectures qui les avoient guidés, MM. de Montgolfier résolurent de tenter les effets de cette Machine en grand. Ils en firent faire une en conséquence de trente-cinq pieds de diametre ; elle pesoit quatre cent cinquante livres, & en soulevoit plus de quatre cents ; c'étoit précisément celle dont il a été question au commencement de ce Rapport, & qui servit après à l'expérience du 5 juin dernier. Ils tentèrent de l'enlever le 3 d'avril ; mais un vent impétueux les en empêcha : néanmoins, à l'effort qu'elle fit pour monter, ils reconnurent facilement qu'elle rempliroit completement leur attente. Le 25 d'avril, le temps étant plus favorable, ils essayerent de nouveau de la faire partir ; cependant les gens qui les aidoient, étonnés de la force avec laquelle elle tiroit les cordes, les ayant lâchées brusquement, elle monta si rapidement en l'air, qu'elle leur échappa, & alla tomber à un quart de lieue de là, après s'être élevée à une hauteur de plus de deux cent toises, & être restée en l'air près de dix minutes. Enfin, le 5 juin, ils firent cette expérience, comme nous l'avons dit, en présence de MM. les Etats particuliers du Vivarais & de toute la ville d'Annonay, & avec le succès dont l'Académie a été informée par le procès-verbal dont nous avons parlé.

Nous venons d'exposer en détail les idées de MM. de Montgolfier, & la suite de leurs différens essais : nous nous y sommes crus obligés ; 1°. pour faire voir la maniere dont ils ont été conduits à leur découverte, & qu'elle n'est point un effet du hasard ; 2°. pour montrer que lorsque la nouvelle en est venue ici, cette découverte étoit complette, quant à l'effet en général ; 3°. enfin, que ce n'étoit pas, comme quelques gens peu instruits l'ont dit, de ces idées qui ont besoin d'être réalisées par l'expérience ; mais que l'*Arëostat* étoit véritablement inventé, & que toute une Ville avoit été témoin de ses effets.

Au reste, les preuves de tout ce que nous venons de rapporter, résultent des lettres que M. de Montgolfier le jeune a écrites à l'un de nous, M. Desmarets, & dont plusieurs sont même de l'année derniere 1782 ; nous les mettons sous les yeux de l'Académie.

Mais il faut en venir aux expériences dont nous avons été témoins.

Pour mieux remplir l'objet de l'Académie, M. de Montgolfier fit construire une Machine Arëostatique, exactement de la même maniere que celle d'Annonay, c'est-à-dire, en toile & en papier, mais dont la capacité étoit plus du double, contenant quarante-cinq mille pieds cubes, & pesant neuf cents livres. Il n'étoit pas aisé de trouver les facilités nécessaires pour faire exécuter une aussi grande Machine ; il l'étoit encore moins d'avoir un emplacement convenable pour l'enlever, & pour y faire toutes les expériences qu'on voudroit tenter ; M. de Montgolfier rencontra tout cela chez son ami M. Réveillon, qui a une Manufacture de papiers peints, au fauxbourg Saint-Antoine. Il y trouva plus encore, car il trouva dans cet ami une activité, un zèle & une intelligence pour faire exécuter tout ce qu'il désiroit, qui ont frappé tous ceux qui ont été présens à ces expériences, & auxquels nous nous reprocherions de ne pas rendre ce témoignage devant l'Académie. La Machine faite, on se prépara à l'enlever ; mais cette opération demandant quelques préliminaires & des préparatifs, il est nécessaire d'en donner une idée.

Cette machine ne se développe & ne s'élève qu'au moyen des substances qu'on brûle au dessous, ou dans son intérieur ; il faut en conséquence qu'elle soit établie sur une espece d'estrade, élevée de plusieurs pieds au dessus du terrein, & qui ait au milieu une grande ouverture. Au centre de cette ouverture & en bas, est placé un grand réchaud de fer, à claire-voie, dont on verra l'usage dans un moment. Pour faciliter le développement de la Machine, elle est soutenue par son milieu ou par son sommet, au moyen d'une corde qui va passer sur les poulies de deux grands mâts, qui sont placés des deux côtés de l'estrade & à l'opposite l'un de l'autre. Par-là, en tirant cette corde, on souleve toute la Machine, & à mesure que l'on fait du feu avec de la paille & d'autres combustibles dans le réchaud dont nous venons de parler, elle se développe, se gonfle, & enfin s'enleve & part, comme nous le dirons dans la suite.

La Machine & tout cet appareil étant prêts, le vendredi 12 de septembre, on l'essaya devant nous; & malgré l'action des hommes employés à la retenir, elle se développa d'une maniere qui surprit tous les Spectateurs, & enleva un poids de quatre cents livres ou environ; mais le vent qui survint, & la pluie qui tomba ensuite en abondance pendant toute la journée, ayant détruit entierement cette Machine, par l'action de l'humidité sur le papier & sur la toile dont elle étoit formée, il fallut en refaire une autre. Ce contre-temps étoit d'autant plus fâcheux, que le Roi, qui avoit ordonné que l'expérience s'en fît devant lui à Versailles, en avoit fixé le jour au vendredi suivant, 19 du même mois.

Cependant M. de Montgolfier ne fut point découragé par cet accident; animé d'un nouveau zèle, il fit exécuter en quatre jours un sphéroïde en toile de fil & coton, peinte en détrempe sur les deux côtés; ce sphéroïde avoit quarante-un pieds de diametre sur cinquante-sept de hauteur, & contenoit trente-sept mille cinq cents pieds cubes ou à peu près; il pesoit aux environs de huit cents livres.

On en fit l'essai le jeudi 18; mais au moment où il étoit soutenu par son point le plus élevé, & qu'on ne faisoit que de le gonfler, il survint un coup de vent qui le déchira près de cet endroit. Pressé par le temps, on ne fit que nouer fortement avec une corde la partie déchirée; & profitant d'un moment de calme, on enleva de nouveau la Machine, en brûlant cinquante livres de paille uniquement; nous la vîmes alors se soutenir en l'air fort majestueusement, pendant cinq ou six minutes. Assurés de son effet par cette simple expérience, nous n'eûmes pas le moindre doute sur son succès le lendemain à Versailles.

Un appareil semblable à celui dont nous avons donné une idée, étoit établi au milieu de la grande cour du Château, ou de la cour des Ministres, avec la Machine Aërostatique étendue sur l'estrade. Tout étant préparé & disposé convenablement, on en fit l'expérience, à un signal donné, en présence du Roi, de la Reine & de toute la Cour, & avec tout le succès que nous avions prévu la veille. Là, on vit en moins de dix minutes, & en brûlant seulement quatre-vingts livres de paille & sept ou huit livres de lainages, la Machine se soulever, se dèvelopper d'une manière qui frappa d'étonnement tous les Spectateurs, & partir & monter ensuite à une hauteur de plus de deux cents quarante toises, quoique chargée de deux cents livres de poids étrangers. Après avoir parcouru un espace considérable, elle alla tomber à une distance de dix-sept cents toises ou à peu près du point d'où elle étoit partie, étant restée en l'air environ dix minutes. Il est nécessaire d'observer que cette Machine descendit si doucement, qu'elle ne fit que ployer des branches d'arbres sur lesquelles elle tomba, & que des animaux qu'on y avoit suspendus n'eurent pas le moindre mal.

La hauteur où nous avons dit qu'elle s'étoit élevée, a été déterminée uniquement par estime. MM. le Gentil & Jeaurat, qui l'ont observée séparément, en ont fixé depuis la hauteur, l'un à deux cent quatre-vingt toises au dessus du second étage de l'Observatoire, l'autre à deux cent quatre-vingt-treize au dessus du rez de chaussée; mais il est certain qu'elle seroit restée plus long-temps en l'air, & auroit été beaucoup plus loin sans la déchirure de la veille, qui étoit très-considérable : en effet, cette déchirure s'étant rouverte, laissa sortir une partie des vapeurs échauffées de l'intérieur de la Machine ; & ces vapeurs, jointes à celles qui s'échappèrent dans deux ou trois balancemens qu'elle essuya, diminuèrent beaucoup de la force qu'elle avoit pour se soutenir.

Nous devons ajouter pour l'honneur des Sciences, que jamais expérience ne se fit avec autant d'éclat & autant de pompe, & n'eut d'aussi illustres Spectateurs, ni en plus grand nombre. Il est important même de rapporter ici, qu'avant l'expérience, le Roi daigna se rendre dans le lieu où la Machine aërostatique étoit établie, & qu'il prit la peine de passer sous l'estrade, dans l'endroit où étoit le réchaud, pour voir les préparatifs, & se faire expliquer par M. de Montgolfier les moyens qu'on alloit employer pour développer cette grande masse, si informe pour le moment, & la faire élever & monter dans les airs; la Reine & la famille Royale suivirent l'exemple de sa Majesté.

Après des expériences aussi multipliées, il n'étoit plus possible de douter des effets de l'*Aërostat* de MM. de Montgolfier ; mais il étoit important de connoître plus particulièrement la nature de leurs procédés pour faire élever cette Machine, & de constater sur-tout, si, avec un Aërostat d'une capacité suffisante, on pourroit enlever des hommes, & à quel point ils pourroient le gouverner, en observant cependant de le retenir jusqu'à un certain dégré par des cordes, afin de ne rien hasarder dans ces premières expériences. M. de Montgolfier fit faire, pour remplir cet objet, un nouvel Aërostat plus grand encore que celui de l'expérience de Versailles, ayant quarante-cinq pieds de diametre & soixante-dix pieds de haut : il étoit composé, en quelque façon, de trois parties; d'un cylindre qui en faisoit le corps du milieu, d'une portion de cône placée au-dessus, & d'une autre partie conique, dans une situation renversée, qui étoit au-dessous; le petit diametre de cette portion de cône étoit de quatorze pieds. A cette partie étoit adapté un cylindre en toile, autour duquel M. de Montgolfier fit attacher extérieurement une galerie d'osier de deux pieds & demi de large, avec des appuis de trois pieds de haut; il y avoit en outre au milieu du vide formé par cette galerie, une espece de panier de fil de fer, formant un réchaud, pour y brûler de la paille ou tout autre combustible, lorsque la Machine seroit en l'air. En cet état, l'Aërostat pesoit aux environs de quatorze à quinze cents livres. Nous ne parlerons pas de quelques expériences préliminaires; nous passerons tout de suite à celle qui fut faite en notre présence le 15 octobre.

M. Pilatre de Rosier, qui, le premier, a proposé de monter dans la Machine Aërostatique abandonnée à elle-même, & qui en a fait publiquement la demande à l'Académie, le 30 du mois d'août, pour l'expérience qui devoit s'en faire à Versailles les jours suivans, enfin, qui a montré tant d'activité & de courage dans toutes les expériences qu'on en a faites depuis, M. Pilatre de Rosier monta ce jour-là dans la galerie du nouvel Aërostat; on l'enleva à une hauteur de cent pieds ou aux environs, la Machine étant retenue à cette élevation par des cordes. Il nous parut entièrement le maître de monter ou de descendre, selon la quantité plus ou moins grande de feu qu'il entretenoit dans le panier ou le rechaud de fer dont nous avons parlé; mais l'expérience du dimanche suivant démontra d'une maniere encore plus sensible, comment, par ce moyen, on pouvoit régler les mouvemens de l'Aërostat pour s'enlever ou pour s'abaisser. M. Pilatre s'y étant placé, on mit un contre-poids dans un panier d'osier attaché à l'opposite, parce qu'on avoit supprimé une partie de la galerie à cause de sa pesanteur. La Machine s'éleva promptement à la hauteur que permettoit la longueur des cordes. Après y être restée quelque temps, on la vit redescendre par la cessation du feu. Ayant été poussée par le vent sur les arbres d'un jardin voisin, on s'empressa de dégager les cordages qui la retenoient, & M. Pilatre ayant renouvelé en même temps le feu, il la fit relever promptement, & on la ramena avec la plus grande facilité dans le jardin de M. Réveillon. Encouragés par des essais si propres à rassurer contre des dangers qu'on pouvoit courir dans l'Aërostat ainsi élevé en l'air, M. Giroud de Villette & M. le Marquis d'Arlandes y monterent successivement. Il est nécessaire de faire observer que, dans ces expériences, la Machine fut élevée à trois cent vingt-quatre pieds, c'est-à-dire, près de la moitié plus haut que les tours Notre-Dame, & que M. Pilatre de Rosier, par son activité & par son adresse à bien ménager le feu, la faisoit monter, descendre, raser la terre, remonter encore, enfin lui donnoit tous les divers mouvemens de ce genre qu'il désiroit.

Des expériences de cette nature, & que nous avons cru par-là devoir exposer en détail, étoient bien propres à convaincre de la possibilité d'employer sans danger cette Machine à transporter des hommes, sur-tout quand on se rappelle comment, dans l'expérience de Versailles, la Machine tomba doucement, quoique d'une hauteur de plus de deux cents toises. Aussi M. de Montgolfier, qui nous paroît n'avoit procédé, dans tout ce qu'il a entrepris à ce sujet, qu'éclairé par la théorie & appuyé par la pratique, ne fut-il plus incertain sur la possibilité de transformer son Aërostat en un véritable char aërien; mais il falloit qu'on en fît l'expérience, pour consacrer à jamais cette découverte, & cette expérience a été faite le 21 du mois dernier.

Ce fut dans les jardins de la Muette, devant Monseigneur le Dauphin, accompagné de toute sa Cour, & environné d'une foule de spectateurs; le temps étant des plus favorables, on vit partir, vers une heure trois quarts, l'Aërostat de M. de Montgolfier, monté par M. le Marquis d'Arlandes & par M. Pilatre de Rosier; ils s'élevèrent, selon l'observation de M. l'Abbé Rochon, à une hauteur de plus de trois cent soixante-sept toises, & à peu près à cette hauteur, traverserent la Seine, passerent sur la partie du sud-ouest de cette ville, & allèrent descendre près du chemin de Fontainebleau, après avoir parcouru un espace de près de quatre mille toises, & être restés en l'air pendant plus de dix-sept minutes. Ils s'élevoient ou s'abaissoient, selon qu'ils excitoient ou ralentissoient le feu; & par cet unique moyen, ils évitèrent, si cela se peut dire, dans une pareille navigation, les écueils qui leur parurent à craindre, & allèrent descendre doucement où ils voulurent arriver. Mais il seroit inutile de pousser plus loin ce détail, l'Académie ayant entendu de la bouche même de M. le Marquis d'Arlandes le récit de ce voyage, qui sera à jamais célebre chez la postérité, comme le premier que les hommes ayent osé entreprendre à travers les airs.

Pour ne point interrompre le récit de ces différentes expériences, nous avons remis à ce moment à parler plus en détail de ce qui concerne la maniere dont MM. de Montgolfier s'y prennent pour enlever leur Aërostat.

On a vu qu'ils font brûler dans un réchaud à claire-voie, de la paille & des matieres animales; & qu'il s'ensuit de cette combustion & de la chaleur qui s'excite en conséquence dans l'intérieur de la Machine, qu'elle se développe, se gonfle, s'enleve, & monte dans l'air. Il est naturel de demander ce qui se passe dans cette combustion, & si c'est par l'effet de gas plus légers que l'air atmosphérique, dont elle occasionne le dégagement, que l'Aërostat parvient ainsi à s'élever.

Nous pensons qu'il seroit fort difficile, pour ne pas dire impossible, de bien ftatuer fur la nature & le nombre des différens gas ou vapeurs qui fe développent dans cette combuftion; mais ce qui prouve que cet effet tient uniquement à la raréfaction de l'air intérieur de la Machine, occafionnée par la chaleur qu'on y excite, c'eft qu'à l'inftant où, par la diminution de cette chaleur, la raréfaction diminue auffi, l'Aëroftat defcend, ou n'eft plus foutenu à la même hauteur, & qu'au contraire, au moment où on la ranime, il remonte. Ce qui confirme encore cette explication, c'eft que MM. de Montgolfier font obligés de tenir leur Aëroftat ouvert par en bas. En effet, qu'arrive-t-il par-là? dans l'inftant où, en excitant le feu, on augmente la chaleur dans cette Machine, une partie plus ou moins confidérable de l'air qui y eft contenu, eft obligée de fortir par l'ouverture d'en bas. Or, fi on fuppofe, par exemple, cette chaleur fuffifante pour raréfier l'air de moitié, voilà dans un moment le poids de la Machine, ou plutôt de l'air qu'elle renferme, diminué dans cette proportion; & fi ce volume fe trouve dans un grand rapport avec l'enveloppe, cette caufe fuffit pour foutenir la Machine en l'air, & même pour la porter à une grande hauteur. De plus, fi l'on fuppofoit que la combuftion des différentes fubftances que MM. de Montgolfier brûlent dans leur Aëroftat, le rempliffent d'un ou de plufieurs fluides d'une pefanteur fpécifique, telle qu'avec le corps de cette Machine ils formaffent un tout plus léger que l'air atmofphérique, dans une proportion quelconque, il feroit certainement néceffaire, dans cette fuppofition, de la fermer, ou du moins d'en rétrécir confidérablement l'ouverture, pour prévenir l'introduction de l'air atmofphérique, qui fans cela fe glifferoit & s'introduiroit le long des parois intérieures de cette Machine. Il paroît donc bien prouvé par ces différentes confidérations, que c'eft, comme nous l'avons dit, à la raréfaction de l'air de l'intérieur de l'Aëroftat, occafionnée par le feu qu'on y fait, qu'il faut attribuer la caufe de fon élévation dans l'air, &c.

Nous défirions pouvoir nous en affurer expérimentalement, ou trouver quelque moyen de déterminer la pefanteur fpécifique de l'air, ou des fluides aëriformes contenus dans la Machine. Par un hafard heureux, l'expérience qu'on fit le 17 d'octobre, nous en fournit l'occafion; ce jour-là elle refta ftationnaire à une petite hauteur, d'où il étoit facile de conclure qu'elle étoit de la même pefanteur fpécifique que l'air de l'atmofphere. Elle pefoit alors dix-fept cent livres, y compris le poids de la galerie & de la perfonne qui étoit dedans. Or, comme cette Machine contenoit foixante mille pieds cubes d'air, & que ce jour-là le poids d'un pied cube d'air étoit de 1once + 3gros + 20 grains, il en réfulte que le poids de l'air qu'elle déplaçoit, étoit de cinq mille deux cent quatre-vingt-fix livres; d'où déduifant dix-fept cent livres pour le poids total de la Machine, on a pour celui de l'air, ou des airs qu'elle renfermoit, trois mille huit cent cinquante-fix livres, c'eft-à-dire, à peu près les deux tiers du poids de l'air atmofphérique. Ainfi, dans cette expérience, l'air de la Machine étoit raréfié d'un tiers ou aux environs, & dans les autres on trouve encore à peu près le même réfultat, excepté cependant que comme la Machine tendoit à s'élever, l'air devoit y être un peu plus raréfié. Quant à la chaleur intérieure de l'Aëroftat, propre à dilater l'air d'un tiers, il feroit difficile de la déterminer avec précifion; cependant il y a tout lieu de croire qu'elle ne différoit pas beaucoup de celle de l'eau bouillante : car, fuivant la régle de M. Deluc fur la dilatation de l'air, felon les différens dégrés du thermomètre, il paroît qu'une chaleur de foixante-onze dégrés un tiers fuffit pour dilater l'air d'une troifiéme partie. Or, comme celui de l'Aëroftat s'eft dilaté à peu près de cette quantité, la chaleur de l'intérieur de cette Machine n'a pas dû s'éloigner beaucoup, comme nous venons de le dire, de celle de l'eau bouillante.

Mais il faut en revenir au moyen que MM. de Montgolfier emploient pour enlever leur Aërostat: on ne peut disconvenir qu'il ne soit fort simple, peu dispendieux & fort expéditif, puisque, dans l'expérience de Versailles, par la combustion de quatre-vingt livres de paille & de sept à huit livres de lainages, on a enlevé, en moins de dix minutes, un Aërostat contenant au-delà de trente-sept mille pieds cubes, & pesant sept à huit cent livres, indépendamment de deux cent livres de poids étrangers dont il étoit chargé: il semble en conséquence que ce soient ces avantages qui ont déterminé MM. de Montgolfier à employer ce moyen, de préférence à tous les autres. En effet, selon ce que M. de Montgolfier le jeune expose dans le mémoire qu'il a lu à l'Académie, depuis la rentrée, comme nous l'avons dit, il n'y a point de fluides d'une pesanteur spécifique beaucoup plus légère que l'air atmosphérique, auxquels lui & son frere n'ayent pensé: ainsi l'eau réduite en vapeur, l'air inflammable, & d'autres fluides, produits par la combustion, ont été successivement l'objet de leur attention; mais l'embarras d'employer les uns, les dépenses qu'auroient entraînées les autres, & particulièrement l'air inflammable, les ont empêchés de s'en servir, se proposant particulièrement de rendre leur opération aussi simple que peu couteuse. Et il n'est pas étonnant qu'éloignés des secours & des ressources de la Capitale, les difficultés d'employer l'air inflammable ne se soient multipliées à leurs yeux, & ne les ayent encore confirmés dans l'usage d'un moyen aussi facile que celui qu'ils avoient imaginé. Mais sans nous étendre davantage sur ce sujet, nous nous bornerons à faire observer, comme un fait certain, qu'au moment où la nouvelle de l'expérience d'Annonay arriva ici, les Physiciens & les Chimistes, instruits de la théorie des nouveaux *airs*, indiquèrent d'une voix générale l'air inflammable comme très-propre à faire la fonction de celui que MM. de Montgolfier avoient employé pour enlever leur Aërostat, & sur lequel ils ne s'expliquoient pas.

Au reste, on a vu avec quel succès MM. Charles & Robert s'en sont servis dans l'expérience faite au Champ de Mars le 27 du mois d'août dernier, & comment ils l'ont employé tout récemment d'une maniere encore plus frappante, dans l'expérience mémorable du premier de ce mois.

Tout Paris les a vus portés dans un char soutenu par un globle de vingt-six pieds de diametre, & rempli d'air inflammable, s'élever du milieu du bassin des Thuileries, & monter successivement à une hauteur de plus de trois cent toises. De-là, poussés par un vend de sud-est, ils ont parcouru ensuite, à travers les airs, un espace de plus de neuf lieues avant de descendre; & M. Charles, resté seul dans le char, après ce voyage, animé par un nouveau courage, s'est élevé jusqu'à une hauteur de près de dix-sept cent toises, & a montré aux Physiciens comment on pouvoit aller jusques dans les nuages, étudier les causes des météores.

On demandera sans doute lequel du moyen de MM. de Montgolfier ou de celui qu'ont employé MM. Charles & Robert, est préférable pour soutenir en l'air les Aërostats; mais il y auroit véritablement de la témérité à prononcer sur cette question, dans un moment où cette découverte est encore si nouvelle, qu'on n'a pas fait la millieme partie des recherches qu'on pourra faire pour la perfectionner. MM. de Montgolfier entrevoient déjà beaucoup de moyens de simplifier leur opération, & ils en ont indiqué plusieurs: d'un autre côté, qui sait les découvertes qu'on pourra faire pour obtenir de l'air inflammable en bien plus grande quantité, ou beaucoup plus facilement qu'on ne l'a eu jusqu'ici par les moyens connus? Qui sçait si l'on ne trouvera pas quelque nouveau fluide plus léger encore que cet air inflammable? On a regardé long-temps l'esprit-de-vin comme la plus légere de toutes les liqueurs, & ensuite on a découvert l'éther, qui l'est encore davantage. La science des *airs* est encore trop nouvelle, pour pouvoir rien affirmer sur ces différens objets. Tout ce que nous pouvons dire, c'est que la simplicité du moyen de MM. de Montgolfier, sa facilité, & la promptitude avec laquelle on peut l'employer, paroissent lui donner de grands avantages dans beaucoup d'usages de la vie civile; mais celui de l'air inflammable ayant l'avantage de diminuer considérablement le volume des Aërostats, portant le même poids, & ne demandant aucun soin ni aucun approvisionnement de la part de ceux qui sont portés par cette Machine, semble par-là beaucoup plus propre à un grand nombre d'usages physiques. En effet, sans parler de beaucoup d'autres, M. Charles a montré comment, avec un Aërostat, on peut s'élever jusques dans les nuages pour y faire des observations; & tout annonce que par ce moyen on pourra en faire un grand nombre, qui nous mettront sur la voie pour expliquer beaucoup de phénomenes de météorologie, qui jusqu'ici ont été autant de mystères pour nous.

Attendons ainsi, du temps & des recherches postérieures, la décision de cette question, sur la préférence que l'on doit donner au moyen de MM. de Montgolfier, ou à celui de l'air inflammable, pour enlever les Aërostats.

Il faut en venir maintenant aux applications & aux usages de la Machine Aërostatique; mais ici nous sommes arrêtés par la multitude de ceux qui se présentent; car il faudroit un volume pour exposer en détail tous ceux où on peut les employer. Nous nous contenterons de dire qu'on pourra s'en servir pour élever des poids à une certaine hauteur, pour passer des montagnes, pour monter sur celles où jusqu'ici personne n'a pu arriver, pour descendre dans des vallées ou des lieux inaccessibles, pour élever des fanaux pendant la nuit à une très-grande hauteur, pour donner des signaux de toute espece, soit à terre, soit à la mer. Or, tous ces usages, ou au moins une grande partie, avoient dejà été imaginés par MM. de Montgolfier. L'Aërostat pourra être employé encore dans beaucoup d'usages pour la Physique, comme pour mieux connoître les vîtesses & les directions des différens vents qui soufflent dans l'atmosphere, pour avoir des électroscopes portés à une hauteur beaucoup plus grande que celle où on peut élever des cerf-volans; enfin, comme nous l'avons dejà dit, pour s'élever jusque dans la région des nuages, & y aller observer les météores.

D'ailleurs, on sent que tous ces usages se multiplieront encore, lorsque cette Machine aura été perfectionnée; & même qu'ils deviendront d'une toute autre conséquence, si on parvient jamais à la diriger, comme tout semble en annoncer la possibilité.

D'après cet exposé, que nous craindrions d'avoir trop étendu, si l'importance du sujet ne l'avoit exigé, nous croyons que l'Académie a pu prendre une juste idée de la Machine Aërostatique de MM. de Montgolfier, de la cause par laquelle elle se soutient en l'air, enfin de ses différens effets. Nous pensons en conséquence qu'elle ne peut approuver d'une maniere trop distinguée cette Machine, dont elle a dejà vu des expériences si propres à donner les plus grandes espérances sur les applications qu'on pourra en faire dans la suite. Et pour donner à MM. de Montgolfier un témoignage encore plus marqué de l'estime que mérite une découverte si heureuse, nous proposons que l'Académie leur décerne le prix annuel de 600 liv. fondé pour les découvertes nouvelles dans les arts (par une personne inconnue), comme à des Sçavans auxquels on doit un art nouveau, qui fera époque dans l'histoire des inventions humaines.

Après ce que nous venons de dire, il est presque inutile d'ajouter que le mémoire de M. de Montgolfier, où il expose la suite des pensées & des essais de son frère & de lui sur les Machines Aërostatiques, & les différentes expériences qui en ont été faites, avec les raisons qui les ont déterminés dans le choix des moyens qu'ils ont employés, mérite d'être imprimé dans le Recueil des Sçavans étrangers.

FAIT à l'Académie des Sciences, le 23 décembre 1783. *Signé*, LE ROY; TILLET, BRISSON, CADET, LAVOISIER, BOSSUT, le Marquis DE CONDORCET & DESMAREST.

EXTRAIT des registres de l'Académie des Sciences, du 23 décembre 1783.

L'Académie ayant entendu la lecture de ce rapport, l'a approuvé, & a en même temps arrêté unanimement: 1°. que le rapport seroit imprimé & publié; 2°. que le prix annuel de 600 livres, fondé par un citoyen anonyme pour l'encouragement des Sciences & des Arts, seroit accordé pour l'année 1783 à MM. de Montgolfier.

Je certifie le présent extrait conforme à l'original & aux registres de l'Académie. A Paris, ce 28 décembre 1783. Le Marquis de CONDORCET.

VOICI ce que l'on connoît de certain sur les Aërostats: il faudroit maintenant trouver le moyen de les diriger à volonté: alors la Machine pourroit devenir très-utile en certains cas. Mais cela est-il bien aisé? c'est ce que nous allons examiner.

Pour réussir à diriger les Aërostats à volonté, trois choses me paroissent essentielles, sçavoir, 1°. de forcer l'Aërostat à garder une position fixe, rélativement à la direction du vent. 2°. De rendre variable celle de la force motrice, quelle que soit celle qu'on emploiera. 3°. Que cette force motrice soit capable de vaincre celle du vent sur la surface de l'Aërostat; & que de plus, dans le cas où l'Aërostat aura une forme ronde, elle puisse agir à peu près également aux deux extrêmités, supérieure & inférieure, afin que l'Aërostat ne puisse pas se renverser.

Je dis 1°. qu'il faut que l'Aërostat puisse se maintenir constamment dans une position fixe, rélativement à la direction du vent; c'est-à-dire, que le même côté de l'Aërostat réponde toujours au vent, afin que la force motrice, dont la position sera variable, puisse être placée dans celle qui conviendra. Si un corps est entierement plongé dans un fluide, avec lequel il soit en équilibre, pour peu qu'une force quelconque agisse sur lui un peu plus fortement d'un côté que de l'autre, ce corps ne manquera pas de tourner; & l'on changera à chaque instant de direction. C'est le cas dans lequel se trouve l'Aërostat plongé dans l'air. Cela a été prouvé par tous ceux qui ont tenté de se diriger avec des rames ou aîles: ils n'ont fait autre chose que pirouetter, & suivre toujours la direction du vent. Il est donc essentiel de forcer l'Aërostat à garder une position fixe. Pour cela j'ai imaginé d'adapter à un de ses côtés une voile, la plus grande & la plus légere qu'il sera possible, ayant soin de mettre, du côté opposé, un contre-poids pour lui faire équilibre, & maintenir ainsi l'Aërostat dans sa position verticale.

Je pense qu'on doit soutenir cette voile par des tringles plates, pour les rendre plus légères, & posées sur leur champ pour qu'elles soient moins sujettes à plier. Cette voile, qu'on pourroit appeller le *gouvernail*, étant ainsi réunie à l'Aërostat, fera que le tout ensemble sera l'équivalent d'une grande girouette qui se placera toujours & se maintiendra dans la direction du vent; car elle sera très-mobile.

2°. La position de l'Aërostat étant fixe, on voit qu'il est essentiel que la force motrice soit variable. Pour la faire varier à volonté, j'ai imaginé d'en faire porter l'appareil sur deux platines rondes de bois ou de métal, réunies ensemble par un boulon qui traverse leurs centres, de façon que la supérieure soit mobile sur l'inférieure. Cette derniere étant attachée avec des cordes ou chaînes à un cercle placé vers l'équateur de l'Aërostat, la force motrice sera portée sur la supérieure, laquelle, étant mobile, pourra faire répondre cette force à telle direction qu'on voudra; & l'on en changera aisément la position par le moyen de deux leviers qui s'engageront dans les trous qu'on aura pratiqués à la circonférence des platines. Pour éviter les frottemens de la premiere espece, on placera des rouleaux entre les deux platines.

Je le répéte : quelle que soit la force motrice qu'on appliquera à cette Machine, ces deux premieres choses me paroissent essentielles.

3°. Il faut que la force motrice soit capable de vaincre celle du vent sur la surface de l'Aërostat : personne n'en doute. Mais c'est sans doute là le point le plus difficile. Il faut de plus, dans le cas où l'Aërostat aura une forme ronde, que cette force puisse agir à peu près également aux deux extrêmités, supérieure & inférieure, afin que l'Aërostat ne se renverse pas. Car l'Aërostat n'est pas dans le cas d'un vaisseau qui flotte sur l'eau; mais bien dans celui d'un vaisseau qui seroit en entier plongé dans l'eau, & qui seroit en équilibre avec ce fluide. Si donc on vouloit faire avancer un tel vaisseau contre le courant, & qu'on n'appliquât la force motrice qu'à sa partie inférieure, la résistance que sa partie supérieure éprouveroit de la part du courant, le feroit sûrement renverser. Nous pouvons donc conclure la même chose pour l'Aërostat plongé dans l'air. C'est pourquoi il faut que la force motrice agisse aux deux extrêmités. Après y avoir bien réfléchi, je n'ai trouvé aucune autre puissance que l'action de la vapeur dilatée qui puisse commodément remplir ces vues. En conséquence j'ai proposé de placer sur la platine supérieure, dont nous avons parlé ci-dessus, (qui, dans ce cas, doit être de métal) un grand fourneau dans lequel seroit chauffé un grand éolipyle à deux becs horisontaux, courbés dans le même sens, à l'ouverture desquels on donneroit la forme que l'expérience feroit voir être la plus convenable; telle, par exemple, que celle d'une tête d'arrosoir, afin de frapper un plus grand volume d'air. L'un de ces becs seroit placé tout près du corps de l'éolipyle; & l'autre à l'extrêmité d'un long tuyau vertical, qui traverseroit toute la hauteur de l'Aërostat. En supposant que l'Aërostat fût construit comme celui de MM. de Montgolfier, sur ce grand tuyau, seroit placé un autre fourneau à clairevoie, destiné à faire brûler les matieres combustibles nécessaires pour dilater l'air de l'Aërostat.

Tout cela étant ainsi préparé, on conçoit que les becs de l'éolipyle étant horisontaux, la vapeur, qui en sortiroit avec une grande vîtesse, trouvant un point d'appui dans l'air, feroit avancer la Machine même contre la direction du vent. Et l'impulsion de la vapeur étant à peu près égale aux deux extrêmités, l'Aërostat se maintiendroit dans sa position verticale, & ne courroit pas le risque d'être renversé. Si donc on vouloit aller dans une direction diamétralement opposée à celle du vent, on placeroit les deux becs de l'éolipyle, l'un au-dessus & l'autre au-dessous de la voile. Si l'on vouloit avancer dans quelqu'une des directions obliques à celle du vent, on tourneroit les becs de l'éolipyle vers le côté opposé à cette direction, & de la quantité que l'expérience feroit voir nécessaire. Car alors le mouvement seroit composé de la force de la vapeur & de celle du vent; & la direction des becs devroit être d'autant plus rapprochée de celle que l'on voudroit suivre, que la force de la vapeur seroit plus grande, & que celle du vent seroit moindre; & *vice-versâ*.

Lorsque l'Aërostat descend jusqu'à terre, il peut arriver qu'il s'affaisse sur lui-même assez subitement, & qu'il couvre ainsi les voyageurs, qui pourroient avoir de la peine à s'en débarasser. Le grand tuyau dont nous avons parlé ci-dessus, qui porte l'action de la vapeur à la partie supérieure, peut prévenir cet accident, en obligeant l'Aërostat à tomber sur le côté: & en cela il n'y a aucun inconvénient.

Le même appareil que je viens de décrire, pourroit être appliqué à l'Aërostat rempli de gas inflammable, en supprimant le réchaud supérieur, celui qui est destiné à brûler la paille, &c. & en mettant dans l'axe de l'Aërostat un tuyau de cuir, enveloppé d'un autre tuyau fait de la même étoffe que celle dont seroit construit l'Aërostat lui-même: lequel tuyau de cuir ne communiqueroit point dans l'intérieur, & ne seroit destiné qu'à donner passage au long tuyau de l'éolipyle.

Si l'application de la force motrice que je viens d'indiquer, présentoit trop de difficultés; ou même que cette force fût trouvée insuffisante, ainsi que je le soupçonne à présent moi-même; comme je n'en connois aucune autre qui puisse porter en même temps son action aux parties supérieure & inférieure, ce qui est pourtant nécessaire avec la forme qu'on a donnée aux Aërostats, sans quoi ils seroient renversés; je pense qu'il faut leur en donner une qui n'exige pas cette double action. La forme qui me paroît la plus convenable, est celle d'un cylindre qui ait peu de diametre & beaucoup de longueur; par exemple, une longueur qui égale cinq à six fois le diametre: que ce cylindre soit placé de maniere que son axe soit horisontal, & qu'il soit terminé en cone allongé à celle de ses extrêmités qui doit se présenter au vent, afin d'éprouver de sa part une moindre résistance (1). Cette forme pourra même dispenser de la voile dont j'ai parlé ci-dessus: car lorsqu'on tendra à aller dans toute autre direction que celle du vent, ce cylindre ne manquera pas de placer & maintenir son axe parallelle ou à peu près à la direction du vent. Et alors il sera indifférent d'appliquer à la Machine telle ou telle force motrice, pourvu qu'elle soit capable de vaincre celle du vent. Mais il faudra toujours conserver l'équivalent de mes deux platines; c'est-à-dire, le moyen de faire varier à son gré la position de la force motrice.

Mais où trouverons-nous cette force motrice, capable de vaincre celle du vent? J'avoue que je commence à en désespérer. Les observations & les expériences qu'on a faites jusqu'à présent, paroissent faire craindre que les forces motrices qu'on pourroit appliquer aux Aërostats, pour les diriger, soient insuffisantes. La vapeur de l'eau dilatée par la chaleur, quelque puissante qu'elle soit, ne pouvant frapper qu'un petit volume d'air, ne produiroit probablement pas une impulsion assez forte pour vaincre l'action du vent. Les rames d'une grandeur telle que

(1) L'Aërostat, qui est parti du Jardin des Thuileries le 19 septembre 1784, avoit une forme approchante de celle que je viens d'indiquer. Mais il est bon de remarquer que tout ce que je viens de dire ici sur la direction des Aërostats, je l'avois lu publiquement à l'Académie des Sciences le 24 janvier précédent. Ainsi loin de devoir être accusé de plagiat, ce sont au contraire ces Messieurs qui ont profité de mes conseils.

des hommes puissent commodément les mettre en jeu, paroissent, d'après les expériences que nous avons faites, ne produire qu'un effet trop foible; & de plus elles n'agissent que pendant la moitié du temps : pendant l'autre moitié, non-seulement elles sont sans action pour avancer; mais elles en ont une, quoique plus foible, qui tend à faire reculer. De sorte qu'on iroit toujours dans la direction du vent, comme si l'on n'avoit point de rames; mais on iroit moins vîte, & avec beaucoup de fatigue. Il faudroit une puissance qui pût agir d'une maniere continue. M. Pauction a présenté à l'Académie une espece de rame d'une forme qui me paroît propre à la fournir. Cette rame ressemble assez à une vis sans fin, qui tournant sur son axe toujours du même sens, présente à l'air un plan incliné, qui, l'entamant de couche en couche, pourroit faire avancer la Machine. Si cette puissance est encore trouvée trop foible, il me vient une idée qui pourroit peut-être suppléer à ce qui nous manque pour la direction, & en même temps diminuer de beaucoup l'embarras & le travail des voyageurs.

On sçait, & les expériences qu'on a faites avec les Aërostats ont prouvé qu'il y a dans l'Atmosphere, à différentes hauteurs, des courants qui ont des directions différentes. M. Meunier, de l'Académie des Sciences, a donné un moyen simple de se soutenir à telle hauteur qu'on voudra, en comprimant plus ou moins le gas renfermé dans l'Aërostat. Ce moyen consiste à composer l'Aërostat d'une double enveloppe : on remplit l'enveloppe intérieure de gas inflammable, & lorsqu'on veut comprimer cette masse de gas, on fait passer, par le moyen d'un soufflet à soupape, de l'air Atmosphérique entre les deux enveloppes, ce qui rend la Machine plus pesante, & l'oblige à descendre. Si l'on veut remonter, on permet à cet air de sortir : le gas reprend alors son premier volume, & perd l'excès de densité qu'on lui avoit fait acquérir en le comprimant. Si donc il y a, comme nous venons de le dire, à différentes hauteurs, des courants qui ont des directions différentes, on pourroit choisir celui de ces courants qui auroit la direction la plus approchée de la route qu'on voudroit suivre. De cette maniere on arriveroit au terme de son voyage par des chemins pris successivement à différentes hauteurs de l'Atmosphere. Par ce moyen on éviteroit toute la manœuvre nécessaire à la direction : l'Aërostat seroit beaucoup moins chargé, & il n'auroit pas besoin d'être d'un aussi grand volume, pour produire l'effet qu'on en attend. Si tous ces moyens sont insuffisants, il faudra se résoudre à faire comme les Marins, attendre que le vent soit devenu favorable.

Je crois pouvoir assurer, ou que jamais on ne parviendra à diriger les Aërostats, ou que, si l'on y réussit, ce ne sera qu'en employant les moyens que je viens d'indiquer.

AMPLIFICATION. Propriété qu'ont les lunettes & les télescopes, d'amplifier les images des objets; ou, ce qui est la même chose, de faire voir ces images plus grandes qu'on ne pourroit voir ces objets à la vue simple. (*Voyez* LUNETTE & TELESCOPE). Cet effet consiste à faire voir l'image de la même grandeur que l'on verroit l'objet sans instrument, s'il étoit un certain nombre de fois plus près qu'il ne l'est de l'Observateur.

ANÉLECTRIQUE. Epithete que l'on donne aux corps qui ne sont pas susceptibles d'être électrisés par frottement; mais qui peuvent l'être seulement par communication; tels sont les métaux, l'eau & toutes les substances humides. (*Voyez* ÉLECTRICITÉ).

ASPIRATION. Terme employé en Physique, pour désigner l'action par laquelle on fait élever l'eau dans le tuyau d'une pompe aspirante. Ce terme, quoique reçu,

reçu, eſt cependant ici fort impropre; car l'eau n'eſt point élevée par *aſpiration*, mais par la preſſion de l'air extérieur. (*Voyez* POMPE ASPIRANTE).

CARILLON ÉLECTRIQUE. Nom que l'on donne à un aſſemblage de petits timbres de métal, tous accrochés à une même plaque de métal, qu'on accroche elle-même au conducteur d'une Machine électrique. De tous ces timbres, les uns doivent communiquer avec le conducteur, & être iſolés comme lui; c'eſt pourquoi on les accroche à la plaque de métal, par une petite chaîne; les autres doivent communiquer avec la terre, & n'être point iſolés; auſſi les accroche-t-on à la plaque de métal par un cordon de ſoie, & on leur attache un bout de chaîne, qui pend juſqu'à terre. On pend de plus entre chacun de ces timbres, & à leur hauteur, une boule légère ou un grelot de métal attaché à la même plaque qu'eux, par le moyen d'un cordon de ſoie.

Lorſque le tout eſt ainſi placé, ſi l'on électriſe le conducteur, les timbres qui communiquent avec lui, s'électriſent de même, attirent les grelots qui les avoiſinent, leur communiquent leur électricité, & les repouſſent vers le timbre voiſin qui n'eſt pas iſolé. Celui-ci ôte l'électricité du grelot, qui eſt de nouveau attiré & repouſſé par le timbre iſolé & électriſé; & cette alternative dure tant qu'on entretient l'électricité du conducteur. A chaque fois que les grelots touchent les timbres, ils les font ſonner; c'eſt pourquoi on a donné à cet aſſemblage le nom de *Carillon électrique.*

Si l'on accroche un pareil aſſemblage à une barre de métal iſolée en plein air, & que cette barre devienne électrique par l'électricité de l'air, auſſitôt les timbres ſe font entendre, & avertiſſent du phénomene: & les grelots ſe meuvent avec d'autant plus de viteſſe, que l'électricité eſt plus forte. On peut donc ſe ſervir utilement du *Carillon électrique*, pour être averti de l'approche & de la force de l'orage.

CENTRE D'OSCILLATION. Il faut ajouter ce qui ſuit à l'article CENTRE D'OSCILLATION du Dictionnaire. C'eſt la recherche de ce *Centre d'oſcillation* miſe dans tout ſon jour par feu M. *Bernoulli* Profeſſeur à Bâle, & de l'Académie Royale des Sciences de Paris, dans un Mémoire imprimé parmi ceux de l'Académie, pour l'année *1703*, *pag. 78.* Voici ce qu'en dit l'Hiſtorien de l'Académie, dans le même volume *pag. 114 & ſuivantes.*

Tout le monde ſçait qu'un poids ſuſpendu à un fil ou à une verge qu'on ſuppoſe ſans peſanteur, fait d'autant moins de vibrations en un certain temps déterminé, que ce fil eſt plus long, ou, ce qui eſt la même choſe, que le poids eſt plus éloigné du point de ſuſpenſion. Si à un fil, que l'on peut ſuppoſer long de quatre pieds, & qui porte un poids à ſon extrémité, on ſuſpend un ſecond poids qui ſoit deux pieds plus haut, par exemple, que le premier, le ſecond poids hâte les vibrations du premier, plus lentes que les ſiennes, & le premier retarde les vibrations du ſecond: le fil qui porte ces deux poids, devient un *pendule compoſé*, dont les vibrations ne ſont ni auſſi lentes que s'il n'avoit eu que le premier poids, ni auſſi promptes que s'il n'avoit eu que le ſecond, mais moyennes entre ces deux différentes durées; & il s'agit de ſçavoir quelle ſeroit la longueur d'un *pendule ſimple* ou à un ſeul poids, dont les vibrations ſe feroient en même temps que celles du pendule compoſé. Il eſt viſible que ce pendule ſimple auroit moins de quatre pieds, & plus de deux; & par conſéquent on peut prendre dans le pendule compoſé, entre ſon ſecond pied & le quatrieme, une longueur égale à celle du pendule ſimple, ou, ce qui eſt préciſément la même choſe, un point tel que les efforts ou actions différentes des deux poids s'y réunissent pour lui faire faire des vibrations d'une certaine durée moyenne. Or, c'est là l'idée générale du centre appliquée aux vibrations, & l'on appelle par conséquent ce point, *Centre de balancement ou d'oscillation.* Chercher le *Centre d'oscillation* d'un pendule composé, c'est donc toujours chercher la longueur du pendule simple qui feroit ses vibrations en même-temps.

Il est visible que plus, dans le pendule composé, l'un des poids est proche du point de suspension, par rapport à l'éloignement où en est l'autre, plus le pendule simple qui répond au composé est court; & qu'au contraire plus les distances des deux poids au point de suspension approchent de l'égalité, plus le pendule simple est long; de sorte qu'à la fin, si les deux poids étoient placés à même distance & confondus ensemble à cet égard, le pendule composé ne seroit plus que le simple.

Maintenant, si l'on conçoit deux poids égaux ou inégaux suspendus, non pas immédiatement au fil ou à la verge, mais chacun à l'extrémité d'une ligne qui la rencontre à angles droits, l'une d'un côté, l'autre de l'autre; si ces deux lignes perpendiculaires à la verge sont sous le même plan vertical & à différentes distances du point de suspension de la verge; enfin si elles sont de telle grandeur, & les deux poids tels que le centre de gravité des deux poids, conçus comme immobiles, soit toujours sur la verge, & qu'ensuite on la mette en balancement, c'est une autre considération à faire, & c'est sur cela que M. Bernoulli a eu une pensée très-fine, qui lui a donné la clé de sa nouvelle Théorie des oscillations. Il rapporte au levier ces poids ainsi disposés. Les distances de chacun de ces poids au point de suspension de la verge, sont les bras de levier par lesquels ils agissent; cela est clair: mais ils ont de plus des vîtesses particulieres que l'on n'avoit point encore démêlées, qui doivent entrer dans le calcul de leur action, & qui en sont tout le fin.

Le fil chargé des deux poids supposés étant mis en balancement, il y a un pendule simple qui feroit ses vibrations dans le même temps, & les arcs circulaires inégaux que décrivent dans ce même temps le pendule simple & les deux poids du pendule composé, sont proportionnels à leurs distances du point de suspension. D'un autre côté, la pesanteur tend à faire décrire à tous les corps qui tombent dans le même temps des lignes verticales égales, & ce mouvement en ligne droite & égal entre nécessairement dans la composition du mouvement que les pendules ont par des arcs circulaires inégaux. Prenons le poids le moins éloigné du point de suspension, & qui décrit le plus petit arc; la petitesse nécessaire & indispensable de cet arc, est la cause que la pesanteur n'imprime pas actuellement à ce poids tout le mouvement vertical & en ligne droite qu'elle tend à lui imprimer; & comme, en vertu de la disposition du pendule composé, ce premier poids est lié avec le second, il tend à imprimer au second ce surplus de mouvement qu'il n'a pû prendre. Mais ce second poids ne peut rien recevoir du premier, parce qu'il ne peut décrire dans un temps déterminé que l'arc qu'il décrit en vertu de sa distance du point de suspension. Ainsi, il résiste à l'impulsion du premier, avec une force égale à celle dont il est poussé, & il tire cette force des causes qui lui font décrire un arc circulaire déterminé. Voilà donc un équilibre qui se fait dans le même cas, que si deux poids attachés à des bras inégaux de levier, & poussés par des forces inégales en sens contraire, s'arrêtoient l'un l'autre. Or, il est clair qu'alors les produits des poids par leurs bras de levier, & par les forces opposées qui les pousseroient, ou, ce qui est la même chose, par les vîtesses qu'elles tendroient à leur imprimer, feroient égaux, & par cette égalité on trouveroit auffi-tôt le centre de gravité des deux poids, ou le point d'appui du levier. Puifque leurs actions feroient égales de part & d'autre de ce point d'appui, & que le pendule compofé eft devenu un levier, ce même point d'appui eft auffi le *Centre d'ofcillation* de ce pendule.

La difficulté n'eft plus que de connoître & d'imprimer la force par laquelle le premier poids pouffe le fecond, & celle par laquelle le fecond réfifte. Celui que nous appellons ici le fecond, pourroit être appellé le premier, & il le pouffe de la même maniere dont il en eft pouffé. Cette impulfion du fecond fur le premier, entre dans fa réfiftance; & comme fa réfiftance eft néceffairement égale à la force dont il eft pouffé, il faut que, s'il ne pouffe pas autant qu'il eft pouffé, fa réfiftance reçoive d'ailleurs un complement, c'eft-à-dire, ou d'une plus grande maffe de ce poids, ou d'un plus grand bras de levier, ou de tous les deux; & fi les poids font égaux, d'un plus grand bras de levier feulement. Nous fuppoferons dans la fuite les poids égaux, pour plus de facilité.

Moins un poids eft éloigné du point de fufpenfion, plus l'arc circulaire qu'il décrit eft petit, & plus par conféquent la pefanteur perd de l'action qu'elle tend à exercer fur lui. Or, il ne pouffe un autre poids que l'on conçoit qui lui répond, que par cet excès de l'action de la pefanteur, par ce refte dont il ne reçoit pas l'effet; & par conféquent ce refte étant d'autant plus grand que le poids eft fufpendu plus haut, il pouffe d'autant plus le poids qui lui répond, & au contraire. Donc fi les diftances où font les deux poids, à l'égard du point de fufpenfion, font fort inégales, il faut pour l'équilibre, que le plus éloigné regagne, par la longueur de fon bras de levier, ou, ce qui eft la même chofe, par fon éloignement du point de fufpenfion, ce qui manque au peu de force qu'il tiroit du refte de l'action de la pefanteur; & il peut arriver de-là qu'il faudroit pour l'équilibre, l'éloigner encore plus du point de fufpenfion qu'il ne l'étoit d'abord. Mais quand on cherche le *Centre d'ofcillation* d'un pendule compofé, on en laiffe les poids dans la difpofition & dans la fituation où ils étoient; & fi le centre de cet équilibre, inventé par M. Bernoulli, ne fe peut trouver fur la longueur du pendule compofé que l'on propofe, il fuffit qu'il fe puiffe trouver fur ce pendule prolongé. Donc, il peut y avoir des cas où le centre de cet équilibre foit au-delà du plus éloigné des deux poids que nous confidérons ici, & où par conféquent le pendule fimple foit plus long que le compofé.

Si les deux poids étoient fufpendus immédiatement à la verge ou au fil qui fait le pendule compofé, ainfi que nous l'avons fuppofé d'abord, le pendule fimple feroit toujours plus court que le compofé. Ce n'eft pas qu'alors le poids qui eft le plus haut ne pouffe auffi celui qui eft le plus bas, par ce refte d'action de la pefanteur qui ne s'exerce point fur lui, & ne le pouffe avec plus de force qu'il n'en eft repouffé, & que par conféquent le poids qui eft le plus bas n'ait befoin de regagner, par une plus grande diftance du point de fufpenfion, ce qui lui manque; mais c'eft que, dans cette difpofition, il le regagne toujours exactement: le poids qui a un plus grand refte de l'action de la pefanteur, parce qu'il eft plus élevé, a auffi par la même raifon un moindre bras de levier, & au contraire; & cela vient de ce que les diftances des poids au point de fufpenfion ou leurs bras de levier font alors les deux longueurs du fil où les poids font fufpendus; & il eft aifé de voir que ces longueurs font toujours en raifon réciproque de ce qui fe perd de l'action de la pefanteur.

Par conséquent, pour trouver alors l'équilibre de M. Bernoulli, il n'est jamais nécessaire d'augmenter la distance du second poids, & le centre d'équilibre se trouve toujours entre les deux poids, ou, ce qui est la même chose, le pendule simple est toujours plus court que le composé. Mais quand, selon la seconde supposition que nous avons faite, les poids sont attachés à l'extrémité de ces lignes perpendiculaires à la verge ou au fil, leurs distances au point de suspension ne sont plus les longueurs du fil ou de la verge, depuis ce point jusqu'à celui où ces perpendiculaires la traversent ou la rencontrent; mais ce sont des lignes tirées du point de suspension à l'extrémité des perpendiculaires où les poids sont attachés; ces lignes sont d'autant plus longues, que ces perpendiculaires le sont aussi, & cela indépendamment de la hauteur où les perpendiculaires rencontrent la verge. Un poids attaché à une perpendiculaire fort longue, qui rencontrera la verge à une petite distance du point de supension, aura donc une force qu'il tirera de deux causes en même temps, & de ce qu'étant suspendu haut, il aura un grand reste d'action de la pesanteur, & de ce qu'étant à l'extrémité d'une longue perpendiculaire, il sera à une grande distance du point de suspension, & agira par un long bras de levier. Le poids qui, étant plus bas que lui, n'a qu'un moindre reste de l'action de la pesanteur, ne peut donc regagner la force qui lui est nécessaire pour l'équilibre, que par être à une distance du point de suspension plus grande que celle du premier poids; & cette distance, il ne la peut avoir qu'en deux manieres : il faut, ou qu'il soit suspendu à l'extrémité d'une perpendiculaire fort longue, si elle est attachée haut, ou que cette perpendiculaire soit attachée fort bas, si elle est courte; & ce dernier cas peut être tel que le second poids ne pourra faire équilibre avec le premier, si la perpendiculaire où il est suspendu n'est plus éloignée du point de suspension qu'elle n'étoit; ce qui peut aller à tel point, que le pendule simple excédera le composé.

De tout ce qui a été dit, il suit que le pendule simple qui répond à un composé, est d'autant plus long, dans le cas où les deux poids sont suspendus immédiatement à la verge; 1°. que le premier poids est suspendu plus bas par rapport à la longueur de tout le pendule; 2°. que le second poids est aussi suspendu plus bas par rapport à cette même longueur : & dans le cas où les deux poids sont attachés à des lignes perpendiculaires; 1°. que ces perpendiculaires sont plus longues; 2°. qu'elles sont attachées plus haut, ou, pour rassembler tout ce qui les regarde, qu'elles sont plus longues en elles-mêmes, & plus longues par rapport à leur distance du point de suspension.

Si un corps solide, par exemple, un conoïde quelconque suspendu par son sommet, est mis en balancement, il faut concevoir que c'est un pendule composé, qui non-seulement porte tout le long de son fil, suspendus immédiatement à ce fil, tous les poids infiniment petits, qui composent l'axe du conoïde; mais qui porte encore suspendus à une infinité de différentes lignes perpendiculaires inégales, tous les poids infiniment petits, qui sont toutes les parties du conoïde situées hors de son axe. Si l'on cherche le *Centre d'oscillation* de ce conoïde, ou la longueur du pendule simple, qui feroit ses vibrations en même temps, il faut donc rassembler tous les rapports qui déterminent le centre du pendule composé, puisque ce conoïde est un pendule composé, chargé de toutes les manieres dont il peut l'être : il faut multiplier par ces rapports la somme infinie de tous les poids infiniment petits qui composent le conoïde, ou tel autre corps solide qu'on voudra; & c'est précisément ce que donne la formule algébrique de M. Bernoulli.

Il eſt évident que ces lignes perpendiculaires, où nous avons ſuppoſé des poids attachés, deviennent préſentement les ordonnés de la courbe qui aura produit par ſa révolution le conoïde ou tel autre corps ſolide qu'on voudra, & que ce que nous appellions la longueur du pendule composé, eſt maintenant l'axe de cette courbe; & par conſéquent la longueur de l'axe & l'équation de la courbe, qui produit le ſolide, étant données, on a tout ce qui eſt néceſſaire pour déterminer le *Centre d'oſcillation.*

Puiſque les mêmes lignes perpendiculaires, ou plutôt les mêmes ordonnées, poſées plus ou moins haut par rapport au point de ſuſpenſion, font un effet différent pour la longueur du pendule ſimple; un même ſolide différemment ſuſpendu répondra à différents pendules ſimples, ou aura différents centres d'oſcillation. Ainſi un cône rectangle étant ſuſpendu par le milieu de ſa baſe, le pendule ſimple ſera préciſément égal à l'axe de ce cône; mais cette égalité ne ſe trouvera plus lorſque le cône ſera ſuſpendu par ſon ſommet, à moins que le rayon de ſa baſe ne ſoit égal à ſon axe. De quelque maniere qu'une demi-ſphere ſoit ſuſpendue, ſoit par le centre, ſoit par le ſommet, le pendule ſimple eſt toujours plus grand que le rayon de la demi-ſphere; mais c'eſt quand elle eſt ſuſpendue par le centre, qu'il eſt le plus grand. On peut voir en gros & en général, par les principes qui ont été établis, les cauſes de ces différences. Une ſphere, qui ne peut être ſuſpendue que de la même maniere, a toujours un pendule ſimple plus court de $\frac{3}{10}$ que ſon diametre.

Si la méthode de M. Bernoulli donne les *Centres d'oſcillation* des ſolides formés par des révolutions de courbes quelconques, il eſt aiſé de juger qu'elle donne à plus forte raiſon, par le moyen d'un léger changement, les *Centres d'oſcillation* des plans ou ſurfaces de toutes ces courbes. On y trouve auſſi des différences pareilles, ſelon les différentes ſuſpenſions. Ainſi un triangle iſoſcele, qui peut paſſer pour le plan d'une courbe dont les ordonnées ſont en même raiſon que les abſciſſes, étant ſuſpendu par ſon ſommet, aura un autre centre qu'étant ſuſpendu par le milieu de ſa baſe. Il en va de même de la parabole.

Mais on doit faire ſur les plans agités ou balancés, une obſervation qui n'a pas lieu ſur les ſolides. Si l'on ſuppoſe, au lieu d'un point de ſuſpenſion, une ligne entiere horiſontale, à laquelle ſoit ſuſpendu le plan qui balance, il peut être agité ou de maniere que ſes ordonnées ſoient perpendiculaires à cette ligne horiſontale, ou de maniere qu'elles lui ſoient paralleles. Dans le premier cas on dit qu'il eſt agité *de côté*, & dans le ſecond, qu'il l'eſt *en plan.* Pour ſe faire une image plus ſenſible, on peut concevoir que de la premiere maniere il éprouvera la moindre réſiſtance de l'air qu'il ſoit poſſible; & de la ſeconde, la plus grande. Or, ces deux manieres ne ſont pas indifférentes quant au *Centre d'oſcillation.* Ce qui fait qu'un poids, ſuſpendu à l'extrémité d'une plus longue ordonnée, agit avec plus d'avantage, ce n'eſt pas préciſément parce que ſa diſtance du point de ſuſpenſion en eſt plus grande, c'eſt parce que cette diſtance plus grande eſt un rayon d'un plus grand cercle, dont ce poids décrit des arcs, & que par conſéquent il décrit dans le même temps un plus grand eſpace; car, dans tout levier, de plus grandes diſtances du point fixe, augmentent la force, non pas préciſément en tant que diſtances, mais en tant que les corps qui y ſont placés ſont néceſſairement obligés à une plus grande vîteſſe. Donc s'il eſt poſſible, dans quelque cas, qu'une plus grande diſtance ne cauſe pas une plus grande vîteſſe, cette plus grande diſtance n'eſt plus à compter. Quand une ſurface eſt agitée de côté, il faut concevoir une ordonnée quelconque, comme chargée d'autant de poids infiniment petits, qu'elle a de points,

& qui tous, non-seulement sont d'autant plus éloignés du point de suspension, mais encore décrivent des arcs de cercle d'autant plus grands, qu'ils sont plus près des deux extrémités de cette ordonnée, ou plus éloignés de l'axe. Mais si cette surface est agitée en plan, tous les points de la même ordonnée, quoiqu'inégalement éloignés du point de suspension, décrivent dans leur balancement des arcs de cercles égaux, ce qu'il est assez facile de se représenter; ou, si l'on veut, on peut encore le concevoir de cette maniere. Quand une surface est agitée de côté, & que par conséquent une ordonnée quelconque est perpendiculaire à une ligne horisontale d'où la surface est suspendue, tous les points de cette ordonnée ne se rapportent qu'au point de suspension, & par conséquent ils en sont tous inégalement éloignés, & décrivent des arcs de cercles inégaux. Mais quand cette surface est mue en plan, & que par conséquent une ordonnée quelconque est parallele à la ligne horisontale, chaque point de cette ordonnée se rapporte au point de cette ligne qui lui répond par une perpendiculaire, & toute l'ordonnée à toute la ligne horisontale, & non pas à un seul point; & par conséquent tous les points de l'ordonnée sont à la même distance de cette ligne d'où ils sont suspendus, & décrivent tous des arcs de cercles égaux. Laquelle des deux idées que l'on prenne, il est toujours sûr que, dans une surface agitée en plan, tous les points d'une même ordonnée n'ont que la même vîtesse, au lieu qu'ils en ont une inégale dans une surface mue de côté; & par conséquent dans ces deux cas la force n'est pas la même par rapport à l'équilibre de M. Bernoulli, ou au *Centre d'oscillation*.

La force de tous les points d'une ordonnée, étant toujours la même dans la surface mue en plan, chaque point n'a que la même force qu'a le point où cette ordonnée coupe l'axe. Or, dans la même surface agitée de côté, le point où cette ordonnée coupe l'axe a la même force, & ensuite la force de tous les autres points va en augmentant jusqu'aux deux extrémités de l'ordonnée. Donc la force totale d'une même ordonnée est beaucoup plus grande dans une surface mue de côté: & comme c'est la même chose dans toutes les autres ordonnées, & que d'ailleurs tout le reste demeure le même, il s'ensuit qu'il faut une plus grande longueur du pendule simple pour faire équilibre à cette force; & qu'enfin la même surface, suspendue de la même maniere, a son *Centre d'oscillation* plus éloigné du point de suspension quand elle est agitée de côté, que quand elle l'est en plan. C'est ce qui se trouve en effet par le calcul. Il se trouve même que des surfaces, comme le triangle, le rectangle, la parabole, peuvent souvent avoir leur pendule simple plus long que leur axe quand elles sont mues de côté, & l'ont toujours plus court quand elles sont mues en plan. Pour le cercle il a toujours son pendule simple, plus court que son diametre: ce pendule simple est les $\frac{3}{4}$ du diametre, si le cercle est mu de côté, & les $\frac{5}{8}$ s'il l'est en plan.

Après les surfaces des courbes, il ne reste plus que ces courbes mêmes, considérées simplement comme lignes, dont on puisse chercher le *Centre d'oscillation*. Il n'y a plus alors d'autres poids que les parties infiniment petites de ces courbes; & quoique par conséquent les ordonnées ne soient plus conçues comme chargées de poids infiniment petits à tous leurs points, elles subsistent toujours comme simples lignes; & par rapport à elles les courbes peuvent, aussi bien que leurs surfaces, être mues de côté ou en plan. La formule générale de M. Bernoulli, se réduit aussi sans difficulté à ces différents *Centres d'oscillation* des courbes.

Voilà quelle est toute la théorie de M. Bernoulli; cet équilibre si délicatement démêlé en est tout le secret. Non-seulement il est beau d'avoir réduit à un principe aussi simple une matiere si compliquée; mais comme on ne peut trop approfondir tout ce qui appartient à l'équilibre & au mouvement, cette recherche, si curieuse par elle-même, en devient aussi plus utile.

CHAMP. Terme d'optique. Nom que l'on donne à l'étendue que l'on peut appercevoir avec une lunette d'approche, ou un télescope ou un microscope. La grandeur du *Champ* d'un instrument, dépend de la longueur du foyer & de l'ouverture de l'oculaire. Plus ce foyer est long, plus l'ouverture est grande, & plus le *Champ* est considérable.

COULEURS ACCIDENTELLES. A ce que j'ai déja dit à cet article, j'ajoute des observations très-curieuses faites par un habile Physicien, & qui sont consignées dans le supplément de l'Encyclopédie.

Les phénomenes que présentent les couleurs imaginaires, sont, à bien des égards, très-remarquables, & ils paroissent demander en particulier l'attention des Astronomes, parce qu'ils fournissent des explications naturelles & faciles d'un grand nombre d'observations illusoires, qui ont embarassé fréquemment les observateurs dans les éclipses, dans les occultations d'étoiles par la Lune, dans les passages de Venus devant le disque du Soleil, & peut-être dans beaucoup d'autres occasions. Cependant ils sont presque ignorés, tant des Physiciens que des Astronomes; & on connoît encore moins généralement les nouvelles expériences qu'a faites, après M. de Buffon, le P. Scherffer, Jésuite & Professeur de physique à Vienne en Autriche, & les conjectures plausibles que cet habile Jésuite a exposées sur la nature & sur les causes des *Couleurs accidentelles*, dans un écrit Allemand imprimé en 1765. Nous sommes persuadés d'ailleurs, que ce que nous avons dit, d'après le Mémoire de M. de Buffon, (*Histoire de l'Académie Royale des Sciences 1743*) ne peut qu'avoir excité la curiosité de ceux qui auront lu cet article; & toutes ces raisons nous engagent à entrer ici dans des nouveaux détails sur les *Couleurs accidentelles*. Nous suivrons presque pas à pas le petit ouvrage du P. Scherffer: nous tâcherons d'éviter que cet article ne se ressente de l'obscurité qui dépare assez souvent l'original, & quoique nous soyons obligés de passer sous silence plusieurs détails, nous espérons de mettre le lecteur en état de se rendre raison de la plupart des phénomenes qu'il trouve rapportés, dans l'*Encyclopédie*, concernant les *Couleurs accidentelles*.

Comme ce sont les expériences de M. de Buffon qui ont occasionné celles du P. Scherffer, c'est aussi par les rapporter, & par en attester la conformité avec les siennes dans les points principaux, que ce dernier entre en matiere. M. de Buffon décrit deux suites d'expériences, & nous les avons déja tirées de son Mémoire; ainsi nous ne ferons ici qu'une courte récapitulation, d'abord de la premiere.

Lorsqu'on regarde fixement & longtemps une tache, ou une figure rouge, sur un fond blanc, comme un petit quarré de papier rouge sur un papier blanc, on voit naître autour du petit quarré rouge une espece de couronne d'un verd foible: en cessant de regarder le quarré rouge, si on porte l'œil sur le papier blanc, on voit très-distinctement un quarré d'un verd tendre, tirant un peu sur le bleu: cette apparence subsiste plus ou moins longtemps, selon que l'impression de la couleur rouge a été plus ou moins forte. La grandeur du quarré verd imaginaire est la même que celle du quarré réel rouge; & ce verd ne s'évanouit qu'après que l'œil s'est rassuré, & s'est porté successivement sur plusieurs autres objets, dont les images détruisent l'impression trop forte causée par le rouge. M. de Buffon a remarqué, comme nous l'avons dit, des apparences semblables, en mettant à la même épreuve les autres *couleurs* primitives ; & voici le tableau des résultats de cette suite d'expériences.

Le *rouge naturel* produit le *verd accidentel.*

Le jaune.	*bleu.*
Le verd.	*pourpre.*
Le bleu.	*rouge.*
Le noir.	*blanc.*
Le blanc.	*noir.*

La derniere expérience suppose qu'on ait considéré le quarré blanc sur un fond noir, & qu'on ait porté l'œil sur un autre endroit du fond noir ; & nous ajouterons que le P. Scherffer trouve qu'on fait ces expériences en général avec plus de succès, en considérant les *couleurs* naturelles sur un fond noir. Outre qu'on ménage par-là sa vue, il a observé que les *Couleurs accidentelles*, que M. de Buffon a toujours vu très-pâles, étoient alors bien marquées, lorsqu'on transportoit l'œil du fond noir sur le blanc.

L'explication de cette suite d'expériences exige quelques demandes préliminaires que nous allons indiquer, sans entrer cependant dans le détail des raisonnemens qui leur servent de preuves, d'autant qu'elles sont fondées principalement sur l'expérience & sur la doctrine très-connue de Newton sur les *couleurs*.

1°. La *couleur blanche* consiste en un mélange de toutes les *couleurs* des rayons de la lumiere, tel que toutes, pour ainsi dire, sont en équilibre, & qu'aucune ne prévaut sur l'autre : de sorte qu'en vertu de ce tempéramment, l'impression que chaque espèce de rayons fait sur l'œil, correspond aux autres ; de façon que la lumiere étant réfléchie d'un corps blanc, il n'est aucune de ces especes qui fasse plus de sensation que les autres.

2°. Dans les corps colorés, l'arrangement des particules infiniment petites qui agissent sur la lumiere, est tel que l'espece de rayons qui donne son nom à la *couleur* du corps, est réfléchie plus abondamment vers l'œil que ne le font les autres especes ; & que par-là l'impression que font les rayons des autres *couleurs* devient, en quelque façon, insensible en comparaison de celle-là.

3°. Lorsqu'un de nos sens éprouve deux impressions, dont l'une est vive & forte ; mais dont l'autre est foible, nous ne sentons point celle-ci. Cela doit avoir lieu principalement quand elles sont toutes deux d'une même espece, ou quand une action forte d'un objet sur quelque sens, est suivie d'une autre de même nature, mais beaucoup moins violente ; que cela vienne, ou de ce que l'organe de ce sens est fatigué, & en quelque maniere relâché, & qu'il lui faut ou certain temps pour se remettre en état de transmettre aux nerfs des impressions même foibles ; ou bien de ce que ce mouvement & l'ébranlement violent des moindres parties de cet organe, ne cesse pas aussitôt avec l'action de l'objet extérieur.

Cette troisiéme remarque préliminaire suffit seule pour expliquer les phénomenes que présentent les taches blanches & noires. Si l'on considere fixement pendant quelque temps un quarré blanc sur un fond noir, la partie du fond de l'œil sur laquelle se peint la figure blanche, sera pour ainsi dire, fatiguée

par

par l'abondante réflexion des rayons, tandis que le reste de la rétine souffre très-peu de la foible lumiere que renvoie la surface noire. Qu'on cesse ensuite de regarder le quarré blanc, & qu'on jette l'œil à côté sur quelqu'autre endroit du fond noir, l'impression de la lumiere renvoyée par cet endroit, agira avec beaucoup moins de force sur la partie qui avoit été occupée par la figure blanche, & dans laquelle les moindres nerfs sont affoiblis, qu'elle n'agira sur le reste de l'œil, qui éprouvera par conséquent un plus haut dégré de sensation. C'est cette inégalité qui fait que nous trouvons la tache que nous croyons voir, beaucoup plus noire que le fond sur lequel nos yeux sont fixés, & que tant sa grandeur que sa configuration nous paroissent les mêmes que précédemment, pourvu que l'endroit où nous la voyons soit à la même distance de l'œil qu'étoit la figure blanche. Cette tache nous paroîtra bien plus noire encore & plus nette, si, après avoir considéré la figure blanche, nous jettons l'œil, non sur une surface noire, mais sur un fond blanc; la lumiere plus forte de ce fond frappera d'autant plus vivement les fibres qui sont encore fraîches, & la sensation de celles qui sont fatiguées en deviendra d'autant moins sensible.

On remarquera au contraire sur un fond blanc, ou même noir, une tache bien claire & plus luisante, après avoir considéré fixement une figure noire sur une surface blanche; car, dans ce cas, la forte réflexion de cette surface affecte l'œil vivement; & il n'y en a que la partie qui a reçu l'image de la figure noire, qui ne s'affoiblit pas : cette partie est donc la seule qui soit en état de ressentir ensuite vivement la blancheur du papier, tandis que l'impression que les autres parties reçoivent est insensible. Que si l'on jette l'œil sur un fond noir, il arrivera de même que les parties qui ne sont point affoiblies seront affectées davantage; & l'effet de cette lumiere, quelque foible qu'elle soit, ne laissera pas d'être une sensation plus forte que celle qu'éprouve la partie affoiblie.

Le Docteur Jurin, qui le premier a parlé (à la fin du Traité de *la Vision distincte & indistincte*, joint à l'optique de Smith) des illusions que causent des taches blanches ou noires, qu'on regarde attentivement pendant quelque temps, n'avoit plus qu'un pas à faire pour en donner la même explication : il ne falloit que rédiger ses idées & ses raisonnemens sur les différentes dispositions de l'œil, quand il éprouve les mêmes sensations dans des circonstances différentes; & c'est ce que le P. Scherffer a fait.

On peut assigner encore une autre raison de conclure que le phénomene de la figure imaginaire dépend d'une certaine durée de l'impression que la figure vraie fait sur l'œil, & qui le dispose à une plus grande ou moindre faculté de ressentir l'action d'un nouvel objet : cette raison est, que si la surface blanche sur laquelle nous jettons l'œil, en est plus éloignée que la figure véritable, nous trouvons l'accidentelle d'autant plus grande que celle-là; car si deux objets peignent sur la rétine des images égales en grandeur, c'est celui de ces deux objets qui est le plus éloigné, qui nous paroît le plus grand : or, comme l'impression de la figure véritable occupe dans l'œil le même espace sur lequel cette figure avoit agi d'abord, & que nous croyons voir son image sur la surface même où les axes visuels se croisent, il s'ensuit que cette figure nous paroîtra nécessairement plus grande, si la surface sur laquelle nous la voyons est plus éloignée.

Mais passons aux *Couleurs accidentelles* que produisent les corps colorés. Pour les expliquer, il faut principalement se rappeller, en quatrieme lieu, ce que contient la VIe propoſition de la IIe partie du premier livre de l'*Optique* de Newton, au ſujet des regles pour connoître dans un mêlange de *couleurs* primitives la couleur du compoſé, lorſque la quantité & la qualité de chaque *couleur* ſont données; mais en faiſant attention cependant de ne pas donner exactement aux arcs du cercle que décrit Newton, les proportions des ſept tons de muſique, ou des intervalles des huit tons contenus dans un octave; il vaut mieux, d'après une remarque du P. Benvenuti, dans ſa *Diſſertation ſur la Lumiere*, donner au rayon rouge $\frac{1}{8}$ ou arc de 45 dégrés, à l'orangé $\frac{3}{40}$ ou 27 dégrés, au jaune $\frac{2}{15}$ ou 48 dégrés, au verd $\frac{1}{6}$ ou 60 dégrés, au bleu $\frac{1}{6}$ ou 60 dégrés, à l'indigo $\frac{1}{9}$ ou 40 dégrés, au violet $\frac{2}{9}$ ou 80 dégrés.

Cela poſé, qu'on commence, par exemple, par chercher le mêlange de toutes les *couleurs* priſmatiques, excepté la verte : il s'agit donc de déterminer le centre de gravité commun des arcs de cercle qui repréſentent les *couleurs* qui entrent dans le mélange, & il n'eſt pas néceſſaire pour cela de ſuivre tout le procédé preſcrit en méchanique; il eſt clair, en premier lieu, que ce centre tombera fort près du centre, & que par conſéquent la couleur réſultante approchera du blanc, & ſera très-pâle; de plus ce centre de gravité ſe trouvera ſur la ligne qui paſſe par le centre du cercle, en partant du milieu de l'arc omis; & comme cette ligne va tomber ſur l'arc violet, & ſeulement à 10 dégrés de diſtance du rouge, il s'enſuit que la *couleur* compoſée ou réſultante ſera un violet très-pâle, & tirant beaucoup ſur le rouge. Or, n'eſt-ce pas là préciſément ce pourpre foible, ſemblable à la couleur d'une améthiſte pâle que M. de Buffon a vu ſuccéder à la contemplation d'une tache verte ſur un fond blanc? En effet, l'œil fatigué par une longue attention à la *couleur* verte, & jetté enſuite ſur la ſurface blanche, n'eſt pas en état de reſſentir vivement une impreſſion moins forte de rayons verds : ainſi quoique toutes les modifications de la lumiere ſoient réfléchies par une ſurface blanche, comme cependant les vertes ſont en beaucoup moindre quantité en comparaiſon de celles qui frappent l'œil en venant de la tache verte, il arrivera que ſi on fixe l'œil ſur le papier blanc, les parties qui auparavant avoient ſenti une plus forte impreſſion de la lumiere verte que les autres, ne pourront pas éprouver à préſent tout l'effet de cette lumiere, mais qu'elles auront la ſenſation d'une couleur mêlée des autres rayons, laquelle reſſemblera, comme on vient de le conclure, à une *couleur* purpurine pâle.

M. de Buffon a trouvé que la *Couleur accidentelle* d'une figure bleue conſidérée ſur un fond blanc, étoit rougeâtre & pâle; ce phenomene s'explique de la même maniere, mais il faudra donner encore plus d'étendue à l'hypotheſe que l'œil, après une forte ſentation de quelque *couleur*, eſt hors d'état de reſſentir une impreſſion moins forte de rayons de la même eſpece. On accordera ſans peine que l'œil alors ne ſera pas en état de diſtinguer avec préciſion, les rayons qui ont une affinité avec ceux-là, & qui dejà naturellement ſont encore plus foibles; on remarquera que l'indigo n'étant qu'un bleu foncé, l'impreſſion de cette *couleur* n'eſt pas ſuffiſante pour faire ſenſation ſur un œil qui s'eſt dejà fatigué en regardant un bleu clair; enfin, on en concluera que pour déterminer d'avance la *Couleur accidentelle* en queſtion, il ſuffira de chercher la *couleur* qui réſulte du mêlange du rouge, de l'orangé, du jaune, du verd & du violet, en faiſant abſtraction du bleu & de l'indigo.

Ce qu'on vient d'obſerver ſur l'affinité qui a lieu entre l'indigo & le bleu clair, s'entend auſſi du rouge & du violet clair, principalement quand on deſtine à l'expérience un rouge un peu foncé & approchant du pourpre : en partant de là, & en cherchant le centre de gravité commun des arcs des autres *couleurs*, on trouve que la *Couleur accidentelle* du rouge, doit être un verd tirant un peu ſur le bleu; ce qui eſt aſſez conforme à l'expérience de M. de Buffon. Il eſt à remarquer que la couleur réſultante approche encore davantage du bleu, ſi on tient compte d'une partie de l'arc violet; & au reſte, il ne faut en général pas s'arrêter à de légères différences, parce que M. de Buffon, dans ſon Mémoire, n'indique jamais les *couleurs* que par les noms généraux de bleu, de rouge, &c. & qu'il ne déſigne pas les nuances.

La méthode du P. Scherffer, fait voir qu'en omettant le jaune, la *couleur* mêlée tombe dans l'indigo, & fort près du violet, duquel elle ſera cependant plus éloignée, ſi on omet auſſi l'orangé; ce qui explique pourquoi une tache jaune fixée pendant quelque temps, ſe peint en bleu ſur une ſurface blanche. Enfin, on ſe convaincra encore de plus en plus de la juſteſſe de cette méthode, en faiſant ſervir aux expériences les *couleurs* primitives, avec le ſecours du priſme.

On peut tirer des principes de notre Auteur pluſieurs autres conſéquences, qui, ſi elles ſont d'accord avec l'expérience, garantiſſent la ſolidité de ces principes : nous en citerons quelques-unes que le P. Scherffer a miſes à l'épreuve.

La *Couleur accidentelle* d'une tache rouge, conſidérée ſur un fond noir ou blanc, doit être obſcure ou ombrée, ſi on jette l'œil ſur une ſurface rouge, de même qu'on ne voit ſur un fond blanc que l'ombre d'une tache blanche qu'on a conſidérée auparavant ſur un fond noir.

Si la ſurface ſur laquelle on conſidere un quarré rouge eſt elle-même coloriée, par exemple, ſi elle eſt jaune, un papier blanc ſur lequel on jette l'œil, paroîtra bleu, & on y remarquera un quarré verd; car en général on doit appercevoir, non-ſeulement la *couleur* apparente de la figure, mais auſſi celle du fond.

Si dans le temps qu'on conſidere la figure coloriée, on change la ſituation de l'œil de maniere que l'image vienne à occuper une autre place ſur la rétine, on verra la figure double, ou du moins diſſemblable de la vraie.

La figure apparente prendra ſur le papier blanc un bord pâle, lorſque dans le temps qu'on regarde la tache coloriée on en approche un peu l'œil ſans que l'image change de place ſur la rétine.

On verra une figure verte ſur un fond jaunâtre, après avoir conſideré un quarré rouge ſur du papier bleu.

Pareillement, ſi le fond a été jaune & la tache bleue, on verra une tache jaune dans un champ bleu, &c.

Le P. Scherffer laiſſe un peu à déſirer au ſujet de l'explication de la ſeconde ſuite d'expériences de M. de Buffon. Il avoue d'abord naturellement qu'il n'a pu voir, ni croiſée de fenêtre, ni panneaux blancs, ni un rétréciſſement conſidérable de la figure, & il s'arrête à l'idée que M. de Buffon aura fatigué ſes yeux au point de n'être plus en état de les tenir aſſez tranquilles, pour que les axes viſuels ſe rencontraſſent ſur le quarré: car, dit-il, ſi ces axes ſe coupent en deçà ou au-delà de l'objet, on verra néceſſairement double, comme il arrive ordinairement dans de pareils cas: or, il ſe peut très-bien que les figures qui ſe ſont préſentées ayent été ſi proches l'une de l'autre qu'elles n'ont fait qu'une ſeule ſurface, & que ſi avec cela la longue fatigue a fait changer à l'image ſa place dans l'œil, il en ſoit réſulté quatre images jointes enſemble & repréſentant quatre panneaux de fenêtre avec leur croiſée.

Le P. Scherffer paſſe à ce qu'il y a d'ailleurs de remarquable dans ces expériences, & diſtingue trois obſervations en particulier. La premiere eſt que

M. de Buffon a vu les bords du quarré rouge se charger de *couleur:* notre Auteur observe sur cela qu'en général le bord d'une figure qu'on considere plus long-temps qu'il ne seroit nécessaire pour la voir représentée sur un fond blanc, se teint de la *Couleur accidentelle* du fond sur lequel la figure repose. L'expérience lui a appris qu'on voit le bord d'un quarré blanc devenir jaune, si le quarré repose sur un fond bleu; verd s'il est sur un fond rouge; rougeâtre sur un fond verd, & ainsi de suite: cela posé, comme les *Couleurs accidentelles*, quand elles tombent sur de réelles, sont très-foibles en comparaison de celles-ci, & qu'outre cela elles sont luisantes, elles ne font ordinairement d'autres effets que de renforcer un peu la *couleur* véritable du bord, & de lui donner plus d'éclat. Mais l'ombre étant la *Couleur accidentelle* du blanc, on doit voir le bord de la figure se rembrunir quand on la considere sur du papier blanc. Le P. Scherffer explique, au reste, ces phénomenes par des contractions & des extensions alternatives de l'image qui se forme sur la rétine, lorsqu'on considere la figure pendant long-temps, & cette conjecture nous paroît d'autant plus fondée, que le bord dont il s'agit est tantôt plus large & tantôt plus étroit, & qu'il disparoît souvent entierement.

La seconde circonstance que notre Auteur indique, c'est que, suivant M. de Buffon, la *couleur* du quarré devient plus foible, dans l'intérieur de ces bords plus colorés; il assure que de son côté il a seulement pu voir au commencement la *couleur* de la figure devenir un peu plus sombre vers le milieu, & la figure paroître ensuite indistincte, & pour ainsi dire, nébuleuse, quand il la considéroit sur une surface blanche: « je n'ai jamais, ajoute-t-il, pu remarquer une véritable blancheur sur des figures colorées; mais quand je regardois des taches blanches sur du papier coloré, elle paroissoient légèrement teintes de la *couleur* du fond en dedans de leur périphérie; je ne voudrois cependant pas garantir que cela ait toujours lieu ».

La troisieme observation sur laquelle le P. Scherffer insiste, c'est que toutes les fois qu'on a consideré les taches colorées plus long-temps que de coutume, leurs *Couleurs accidentelles* se voyent non-seulement sur un fond blanc, mais aussi quand en fermant les yeux on ne regarde rien absolument; il trouve ce phénomene difficile à expliquer, & il entre à ce sujet dans des détails trop longs pour pouvoir trouver place ici, d'autant qu'au fond ce ne sont que des conjectures. Le P. Scherffer insiste beaucoup sur celle que l'œil est d'une nature à demander d'être rafraîchi après de fortes impressions de la lumiere, non-seulement par le repos, mais aussi par la diversité des *couleurs*, & que le le dégoût que nous ressentons en regardant long-temps la même *couleur*, ne dérive pas tant de notre inconstance naturelle, que de la constitution même de l'œil. Ces mêmes conjectures cependant, combinées avec d'autres, & principalement avec les principes que nous avons exposés, rendent aussi plausibles les explications que notre Auteur donne des faits & des expériences que nous allons simplement indiquer. 1°. « En considérant, dit-il, pendant quelque temps un quarré blanc sur du papier jaune, & détournant ensuite l'œil à côté sur le jaune, je vis le quarré d'un jaune foncé; mais en jettant ensuite les yeux sur du papier blanc, ce papier me parut bleu avec un quarré d'un jaune fort sombre, ressemblant à un petit nuage qui obscurcissoit le papier ».

De même, une tache blanche vue sur un fond rouge en produit une plus foncée à côté; & l'on voit ensuite sur une muraille blanche, une tache d'un rouge foncé dans un champ verd.

Les expériences de MM. de Buffon, Béguelin & Æpinus, & du P. Scherffer, ne laissent aucun doute que l'ombre d'un corps sur lequel tombe la lumiere du jour, ne soit bleue; aussi le jaune est-il sa *Couleur accidentelle*. Notre Auteur a fait sur cette ombre les expériences suivantes.

2°. En considérant l'ombre du jour pendant long-temps à la lueur d'une lampe, le papier blanc lui montra une figure semblable, toute de *couleur* orangée.

3°. Et de la même maniere, cette ombre jaune étant éclairée par la seule lumiere d'une lampe, devenoit violette.

4°. En laissant tomber un autre soir l'ombre bleue sur un papier jaune, le mélange donna un beau verd clair; comme aussi lorsque le P. Scherffer reçut l'ombre jaune sur un papier bleu, la *Couleur accidentelle* de l'un & de l'autre fut le pourpre, qui est celle de toutes les *couleurs* vertes.

Il faut remarquer, par rapport à ces dernieres expériences, que la lumiere que répand une chandelle ou une lampe allumée, est jaune, & qu'ainsi les expériences qu'on fait à la lueur d'une telle lumiere, doivent différer de celles qui se feroient à la lumiere du jour: nous pourrions en citer, d'après le P. Scherffer, plusieurs qui ont trait à cette considération. Pareillement, si c'est la lumiere du soleil qui tombe sur les figures destinées aux expériences, les *Couleurs accidentelles* en souffrent quelque altération, parce que les rayons jaunes prédominent aussi un peu dans cette lumiere.

Ceux qui seront curieux de s'occuper des *Couleurs accidentelles*, pourront vérifier aussi les expériences que le P. Scherffer a faites avec la lumiere d'une chandelle considérée de jour & de nuit, avec la flamme de l'esprit-de-vin, avec des charbons ardents & du fer rougi au feu, avec des nuages éclairés par le soleil, reçue sur des feuilles de papier de différentes *couleurs*, par le foyer d'une lentille.

Nous ne nous arrêtrons pas à ces expériences, afin de rapporter plutôt les suivantes, que nous regardons comme plus intéressantes, & que le P. Scherffer a faites à l'occasion d'une conjecture qu'il formoit, que chaque espece de rayons agit sur telles parties de l'œil dont les forces ont avec elles un rapport plus immédiat.

« Je voulus éprouver, dit-il, si les *Couleurs accidentelles* se mêlent de la même maniere que les vraies. Je mis, dans ce dessein, sur un papier noir, deux petits quarrés exactement l'un à côté de l'autre; le quarré à gauche étoit jaune, l'autre étoit rouge. Je tournai les axes visuels d'abord sur le centre du jaune, & le considerai pendant quelque temps: après cela, je portai les yeux sans remuer la tête sur le centre du rouge, & le fixai pendant le même espace de temps; je jettai la vue ensuite de nouveau sur le milieu du quarré jaune, & de-là sur le rouge. Je fis cela à trois ou quatre reprises, & me tournai ensuite vers une muraille blanche, où je vis trois quarrés qui se touchoient, comme ceux qui reposoient sur le fond noir: le quarré du côté gauche étoit violet, celui du milieu un mélange de verd & de bleu; & le quarré à la droite parut d'un verd clair, parce que la couleur rouge du véritable tiroit sur le pourpre.

Je considérai de la même façon alternativement deux quarrés, l'un jaune & l'autre verd, & je vis sur la muraille, à gauche, un quarré bleu foncé, au milieu un quarré de *couleur* violette, mêlée de beaucoup de rouge, & à droite un quarré d'un rouge pâle.

Deux quarrés, l'un verd & l'autre bleu, produisirent du côté gauche une *couleur* rougeâtre, à droite un jaune pâle, & au milieu de l'orangé.

Enfin, la figure apparente d'un quarré rouge & d'un verd se trouva verte

& rouge, ſans que je puſſe diſtinguer au milieu autre choſe qu'une ombre obſcure de même grandeur que les quarrés.

Je continuai par mettre trois petits quarrés à côté l'un de l'autre; un verd à gauche, un jaune au milieu & un rouge à droite. Je les conſidérai l'un après l'autre ſans remuer la tête, ſuivant l'ordre que je viens de déſigner, & en commençant par le rouge. Après que je les eu contemplés à diverſes repriſes, je vis cinq quarrés ſur la muraille blanche; le premier, à gauche, étoit rougeâtre; le ſecond, d'un pourpre foncé; le troiſieme, d'un bleu encore plus obſcur; la *couleur* du quatrieme étoit un mêlange plus clair de verd & de bleu; celle du cinquieme étoit un verd clair.

Je changeai l'expérience, en ſubſtituant un quarré bleu au verd; & je vis alors à gauche, d'abord un quarré d'un jaune pâle: à côté de celui-ci en étoit un bleu qui tenoit du verd: au milieu étoit un quarré d'un verd très-foncé; puis venoit un mêlange de verd & de bleu; le dernier enfin étoit d'un verd clair ».

Il ſuffit d'avoir ſaiſi les principes du P. Scherffer, & d'avoir des notions ordinaires ſur le mêlange des *couleurs*, pour tirer de ces expériences la concluſion que le mêlange des *Couleurs accidentelles* ſe fait de la même maniere que celui des *couleurs* véritables. Elles donnent lieu auſſi au P. Scherffer de faire pluſieurs remarques fines qui répandent du jour ſur cette partie de l'optique, mais qui ſont trop liées entr'elles pour que nous puiſſions ici nous y arrêter. Au reſte, ſi l'on conſidere de la maniere qu'on vient de voir, un plus grand nombre de quarrés rangés ſur une ligne, leur nombre devient trop grand ſur la muraille, & les *Couleurs accidentelles* deviennent trop foibles, pour qu'on puiſſe bien diſtinguer celles-ci.

On trouvera auſſi dans la Brochure du P. Scherffer, des remarques ſur quelques phénomenes obſervés par des Savans célebres, mais mal expliqués, ou laiſſés ſans explications, faute d'avoir connu la théorie des *Couleurs accidentelles*. Enfin, notre Auteur fait voir auſſi que ces *Couleurs* peuvent ſervir à des récréations d'optiques, dans le goût de celles qu'on fait avec des cônes & des cylindres de métal: il a peint des fleurs, & même des figures humaines, en couleurs renverſées, c'eſt-à-dire, avec les *couleurs accidentelles* de celles qu'il vouloit que ſes figures euſſent, pour être repréſentées enſuite au naturel ſur un fond blanc; & ces expériences l'ont beaucoup amuſé, ainſi que ceux qui les ont faites avec lui. Il faut ſeulement pour y réuſſir, avoir un peu d'habitude, & tenir l'œil fixé à peu près ſur le centre de la figure.

Après avoir rapporté ce qu'il y a de plus eſſentiel ſur les *Couleurs accidentelles*, dans le petit Traité du P. Scherffer, nous dirons encore quelque choſe ſur les phénomenes de cette eſpece, qu'on voit après avoir regardé un inſtant le ſoleil. Le P. Scherffer ne paroît pas s'en être beaucoup occupé, quoiqu'à la vérité cette image du ſoleil, que nous avons dit plus haut qu'il recevoit ſur du papier blanc, au moyen d'une lentille, offre à peu près les mêmes apparences.

C'eſt d'après un Mémoire de M. Æpinus, inſéré dans le Tome X des *Nouveaux Commentaires de Petersbourg*, que nous ajouterons à cet article ce qui ſuit,

« Lorſque le ſoleil eſt aſſez proche de l'horiſon, ou bien quand il eſt couvert par de légers nuages, ſon éclat eſt aſſez diminué pour qu'en le regardant fixement pendant environ le quart d'une minute, l'œil en reſſente ſeulement une vive impreſſion, ſans en être cependant bleſſé tout-à-fait; mais cette impreſſion & la ſenſation qui en réſulte, ne s'évanouiſſent pas d'abord ; quand on détourne enſuite les yeux, elles reſtent pendant trois ou quatre minutes, & ſouvent plus long-temps. Il y a plus, on éprouve cette ſenſation, ſoit qu'on ferme les yeux, ſoit qu'on les ouvre; les circonſtances qui l'accompagnent ſont ſingulieres, & j'ai trouvé par pluſieurs expériences qu'on peut les réduire aux loix ſuivantes.

1°. Quand auſſi-tôt qu'on a ceſſé de regarder le ſoleil, on ferme les yeux, on voit une tache irrégulierement arrondie, dont le champ intérieur eſt d'un jaune pâle tirant ſur le verd, tel à peu près que la *couleur* du ſouffre commun, & cet eſpace jaune eſt entouré d'un bord ou anneau qui ſemble teint en rouge.

2°. Qu'on ouvre enſuite les yeux, & qu'on les jette ſur un mur ou ſur quelqu'autre ſurface blanche, on verra ſur ce fond blanc une tache tout-à-fait pareille, tant pour la grandeur que pour la figure, à celle qu'on voyoit avec les yeux fermés; mais qui ſe diſtingue par de tout autres *couleurs*: car,

3°. Le champ qui paroiſſoit jaune aux yeux fermés, ſe voit, quand on les ouvre, d'une couleur rouge, ou plutôt brune tirant ſur le rouge, & l'anneau qui auparavant étoit rouge, paroît de *couleur* bleu céleſte ſur le fond blanc.

4°. Si on referme enſuite les yeux, on revoit les apparences du n°. 1, & en ouvrant de nouveau les yeux, on voit auſſi revenir celles des n°ˢ. 2 & 3; mais les *couleurs* cependant ne reſtent pas tout-à-fait les mêmes, elles s'alterent continuellement & de plus en plus; & ſi on fait attention à ces changemens, on remarque qu'après la premiere minute à peu près,

5°. Le champ paroît, aux yeux fermés, d'un beau verd; & que le bord, quoiqu'il continue de paroître rouge, a changé cependant ſenſiblement; ce rouge différant déja aſſez de celui du n°. 1.

6°. Qu'on rouvre les yeux, on voit ſur le fond blanc l'eſpace intérieur de la tache plus rouge, & l'anneau d'un bleu céleſte plus gai.

7°. Environ après la ſeconde minute, ſi on a les yeux fermés, le champ paroît, à la vérité, encore verd, mais tirant cependant aſſez ſur le bleu céleſte; quant au bord il eſt rouge, mais encore différent des n°ˢ. 1 & 5.

8°. Si enſuite on rouvre les yeux, le champ paroît encore rouge ſur le fond blanc, & le bord bleu céleſte; mais ces *couleurs* n'ont pas tout-à-fait les mêmes nuances qu'auparavant.

9°. Enfin, au bout de quatre ou cinq minutes on apperçoit, ayant les yeux fermés, le champ entiérement bleu céleſte, & l'anneau d'un beau rouge; & en rouvrant les yeux, le champ ſe voit rouge, & le bord d'un bleu céleſte vif.

10°. Cette derniere ſenſation ſe conſerve pendant un certain eſpace de temps, & juſqu'à ce que s'étant affoiblie de plus en plus, elle s'évanouiſſe tout-à-fait; mais il ne faut pas croire que pendant cet intervalle les *couleurs* dont nous avons parlé reſtent toujours les mêmes: il eſt certain au contraire que, quoique l'eſpece reſte la même, elles changent continuellement de modifications.

J'avoue que j'ai plutôt évité les occaſions de faire cette expérience, que je ne les ai recherchées, parce que je doute qu'on puiſſe ſans danger faire éprouver ſouvent aux yeux une ſi forte impreſſion. Mais quoique je n'aie donc pas répété fréquemment ces eſſais, je ne laiſſe pas de pouvoir aſſurer que les phénomenes qu'ils préſentent, obſervent preſque conſtamment l'ordre que nous avons décrit. Je n'oſe pas les donner tout-à-fait pour conſtants, parce qu'il m'eſt arrivé un petit nombre de fois de remarquer dans les *couleurs* une ſucceſſion un peu différente ».

On peut, au reste, tirer de ces observations, diverses conclusions remarquables que je vais joindre ici en peu de mots.

Il est hors de doute que les rayons du soleil reçus directement au fond de l'œil, n'agissent sur les nerfs & y causent une certaine altération dont notre ame est affectée. Or, nous voyons par les observations que nous avons détaillées, que cette altération ou cette impression causée aux nerfs, ne cesse pas en même-temps que l'action de la lumiere, & qu'au contraire elle continue encore pendant un temps assez long, & que l'ame se trouve affectée comme s'il y avoit réellement hors de l'œil un objet, & que des rayons de lumiere réfléchis par cet objet, exerçassent une action sur les nerfs. Si donc nous admettons cette supposition, ainsi qu'on peut évidemment le faire, nous devons conclure naturellement de nos observations :

1°. Que l'impression excitée par les rayons de lumiere les plus forts, passe après la cessation de l'action même en une autre impression qui est celle des rayons jaunes ; que celle-ci devient l'impression des rayons verds, & que cette derniere, enfin, se change en celle que produisent ordinairement les rayons bleu-célestes ; c'est-à-dire, qu'après que l'action des rayons blancs a cessé, les nerfs se trouvent successivement dans les différens états que produisent ordinairement les rayons jaunes, verds & bleu-célestes.

2°. Que l'impression causée par la *couleur* blanche d'un mur ou d'une table blanchie, si elle se mêle à celle que produit la *couleur* jaune, verte & bleu-céleste, devient la même impression qu'a coutume de produire une *couleur* brune qui tire plus ou moins sur le rouge.

3°. Que l'impression causée par l'image du Soleil au fond de l'œil, se communique à des parties de la rétine, auxquelles l'image même ne s'est pas fait sentir, mais qui sont voisines de la place qu'occupe l'image, & que cette impression y cause une altération qui est due ordinairement aux rayons qui produisent la *couleur* rouge.

4°. Que cette impression, mêlée avec celle que fait la *couleur* blanche du mur ou de la table, produit l'impression causée par le bleu-céleste.

Je trouve très-digne de remarquer ici que dans les *Couleurs accidentelles* il arrive tout-à-fait comme dans les réelles, que le jaune devient bleu en passant par le verd : car il est très-connu que dans les dernieres, sçavoir les *couleurs* réelles, si on mêle avec le jaune de plus en plus du bleu, on obtient une *couleur* qui tire d'abord sur le verd, qui devient bientôt entiérement verte, & qui tirant ensuite sur le bleu, devient entiérement bleue, si c'est une forte quantité de cette couleur qu'on ajoute au même mélange.

Ceux qui voudront répéter cette expérience, observeront encore un autre phénomene que je ne crois pas devoir passer sous silence : je parle de ce qu'en projettant la tache sur un fond blanc, quand on a les yeux ouverts, on la voit tantôt disparoître, puis revenir, puis disparoître de nouveau. Je fus long-temps en doute au commencement sur la cause de ce paradoxe ; mais je remarquai à la fin que la tache disparoissoit toujours précisément quand je faisois un effort pour la considérer plus attentivement, qu'elle revenoit lorsque je jettois les yeux comme sans attention sur le plan. Cette circonstance faisoit naître d'abord même quelque difficulté dans le procédé de l'expérience ; car au moment même que l'esprit se propose de faire attention à la tache, l'œil se dispose de maniere, sans qu'on le sçache & qu'on le veuille, à voir distinctement le plan sur lequel la tache est projettée, & dans le même moment la tache disparoît.

Il

Il s'ensuit de-là que l'expérience, pour être bien faite, demande une certaine habitude : il faut que l'observateur s'accoutume à ce que son esprit fasse attention à la tache, & que ses yeux cependant soient empêchés de se disposer de maniere à lui rendre la vision du plan distincte. Nous conclurons de-là que pendant que l'œil se dispose de maniere à voir distinctement un objet un peu écarté, les nerfs retournent à l'état dans lequel ils se trouvent quand rien ne les affecte; mais que bientôt ils rentrent dans leur premier état, quand l'œil de nouveau se dispose d'une autre maniere.

CRÉPUSCULAIRE. Épithete que l'on donne à un cercle que l'on imagine abaissé à 18 dégrés au-dessus de l'horison, & qui lui est parallele. C'est ce cercle qui est la limite des crépuscules; parce que celui du matin ne commence que lorsque le Soleil arrive à ce cercle : & celui du soir ne finit que lorsque le Soleil est abaissé au-dessous de ce cercle. (*Voyez* CRÉPUSCULE).

DISPERSION. Terme de Dioptrique. La *dispersion* est l'écartement qu'ont entr'eux les rayons de lumiere de différentes couleurs, lorsqu'ils sont rompus par quelque corps réfringeant. Cette *dispersion* est plus ou moins grande, suivant le corps réfringeant dont on fait usage.

EUDIOMETRE. Nouvel instrument de physique, destiné à mesurer la pureté de l'air par son mêlange avec le gas nitreux. Cet instrument qui a été inventé par M. l'Abbé *Fontana*, est composé d'un tube de verre long & étroit, d'un diametre intérieurement bien égal, divisé en mesures égales par un trait de diamant fait sur le tube. Chacune de ces mesures se divise elle-même en cent parties égales par le moyen d'une régle de cuivre, ainsi divisée, qu'on fait glisser sur le tube. Il est bon que la surface intérieure de ce tube soit un peu dépolie avec de l'émeri fin, afin que l'eau n'y adhère pas par gouttes dispersées ça & là. La seconde piece, faisant partie nécessaire de l'*Eudiometre*, est aussi un petit tube de verre, à peu près du même diametre que le grand, &, comme lui, intérieurement dépoli avec l'émeri, & qui ait une capacité précisément égale à celle d'une des grandes divisions du grand tube. Cette petite mesure est fixée dans un chaton de cuivre, garni d'une coulisse placée à l'orifice de la mesure, & qui sert à s'assurer qu'on remplit toujours également cette petite mesure d'air ou de gas. On se sert de cette petite mesure pour mêler dans le grand tube, de l'air & des gas en différentes proportions, comme nous l'avons dit en parlant du *gas nitreux*. (*Voyez* GAS NITREUX.)

FORCE UNIFORME. C'est celle qui est capable de produire à chaque instant le même effet, & qui le produiroit réellement sans les obstacles qui s'y opposent, & qui sont inévitables dans l'état naturel des choses. Dans cet état naturel, il n'y a donc point de *Forces uniformes* : on peut cependant les regarder comme telles, en faisant abstraction des obstacles dont nous venons de parler. Cela rend plus facile le calcul des effets de ces sortes de forces.

IDIO-ÉLECTRIQUE. Epithete que l'on donne aux corps qui sont susceptibles d'être électrisés par frottement. Tels sont le verre, les resines, la soie, & en général toutes les substances qui ne contiennent ni eau, ni métaux : de sorte que si l'on excepte les métaux, l'eau & les substances humides, tous les autres corps, susceptibles d'être frottés, peuvent s'électriser par cette voie;

les uns plus, les autres moins. Tous ces corps sont donc ceux que l'on peut appeller *Idio-électriques*. (*Voyez* ÉLECTRICITÉ.)

LANGUE. Corps musculeux, très-mobile, placé dans la cavité de la bouche. La *Langue* est le principal organe du goût. (*Voyez* GOUT.) Je dis le principal organe; car le goût réside aussi dans le palais & le fond de la bouche, comme on en a la preuve par les gens, qui, n'ayant point de *Langue*, goutoient cependant les aliments. [Voyez *les Mémoires de l'Académie des Sciences année 1718, pag. 6.*] Dans le sens du toucher l'organe immédiat consiste dans les houppes nerveuses répandues sur toute la surface de la peau. Dans le sens du goût, ce sont aussi ces houppes nerveuses, répandues principalement sur la *Langue* (*pl.* XXV. *fig. 6*) qui en sont l'organe immédiat: & afin que les parties savoureuses des aliments puissent les toucher comme il convient, pour se faire sentir, elles sont grosses, peu compactes, & comme enchassées dans une enveloppe fort poreuse, & abreuvées d'une lymphe qui entretient leur souplesse.

MIASMES. Nom que l'on donne à tous les fluides aëriformes suffoquants, qui s'exhalent de différents endroits de la terre : telles sont plusieurs especes de *gas*. [*Voyez* GAS.] Dans les cimetieres & les endroits marécageux, on rencontre quelquefois des *Miasmes* produits par le gas inflammable qui s'en exhale.

TEMPÉRATURE. Nom que l'on donne au dégré de chaleur, qui régne dans un lieu ou dans un corps. On dit, tel lieu ou tel corps est à telle *Température*, en exprimant le dégré de chaleur qui y régne. Lorsqu'on veut comparer les pésanteurs spécifiques de plusieurs corps, il faut faire ensorte qu'ils soient tous à la même *Température*.

www.ingramcontent.com/pod-product-compliance
Ingram Content Group UK Ltd.
Pitfield, Milton Keynes, MK11 3LW, UK
UKHW022010260726
13994UKWH00004B/2000

9 782329 410234